编委会主任　胡苏平　　丛书主编　卢　昆

"山西八大文化品牌"丛书

华夏之根

渠传福 张　丽 孙婉姝 著

山西出版传媒集团　　山西人民出版社

序

山西省委常委、宣传部长　胡苏平

　　"山西八大文化品牌"丛书就要同大家见面了。这套丛书是应广大读者的愿望，在《山西八大文化品牌》基础上改版而成的，旨在让读者更方便地阅读、研究和使用，进而更好地发挥其作用。

　　党的十八大以来，党中央高度重视弘扬中华优秀传统文化。习近平总书记深刻指出，没有中华文化繁荣兴盛，就没有中华民族伟大复兴。要求系统梳理传统文化资源，让收藏在禁宫里的文物、陈列在广阔大地上的遗产、书写在古籍里的文字都活起来。山西省委、省政府和各级宣传文化部门，以高度的文化自觉和文化自信，深入挖掘研究、宣传推介以"三个一"（即一座都城——襄汾约4500年前的陶寺遗址，一堆圣火——芮城约180万年前的西侯度文化遗址，一缕曙光——垣曲约4500万年前的"世纪曙猿"化石）和"三个文化"（即源远流长的法治文化，博大精深的廉政文化，光耀千秋的红色文化）为代表的优秀传统文化，推出了一批有价值、有影响的成果。在已有成果的基础上，编辑出版"山西八大文化品牌"丛书就是其中一项重要的工作。

　　山西历史悠久，人文荟萃，是华夏文明的重要发祥地。在五千年的历史变迁中，山西积淀生成了非常丰厚的文化资源。这些资源，是哺育和激励一代又一代山西人奋力前行的宝贵财富。如何挖掘、梳理这些宝贵财富，提炼出有代表性、有影响力的文化符号，并逐渐塑造成文化品牌，是我们在推动文化旅游产业发展和文化强省建设中，迫切需要解决的重大课题。"山西八大文化品牌"丛书在这方面进行了富有价值的思考和探索，做出了积极的贡献。全书从山西文化的特色和亮点切入，重点对华夏之根、黄河之魂、晋商家园、关公故里、佛教圣地、古建瑰宝、边塞风情和抗战文化等八大文化品牌，进行了比较系统的研究，并着眼于山西全面建成小康社会决胜阶段改革发展和文化建设的实际，提出了将这些资源优势转化为发展优势的有益建议。可以说，这套丛书为读者深层次地了解、认识山西文化打开了一条便捷的通道，也为发掘展示、传承弘扬山西优秀传统文化，树立山西的良好形象，提供了翔实的资料。总体来看，这套丛书推介的八大文化品牌，都具有比较鲜明的特色：一是独特性。它们体现了独具特色的文化内涵，有的甚至在人类文明的发展进程中是独领风骚、不可或缺的，其文化品格不同凡响、不可替代；二是地域性。这些文化形态是在三晋这块古老的土地上形成、发展、光大的，具有鲜明的地域文化色彩；三是丰富性。其表现形态，既体现在文化遗产存留的物质载体中，更体现在形式多样的非物质文化遗产中；既具有品质卓绝的物质遗存，更具有非常生动的精神文化内涵；不仅是对人类文明发展进程的历史性呈现与记录，同时也对当今时代具有非常重要的现实意义。

文化建设，功在当代，利在千秋。传承弘扬优秀传统文化，任重而道远。衷心希望社会各界有识之士，加入到山西优秀传统文化的发掘、研究中来，推出更多有深度、有分量的成果，为山西文化、中华文化的繁荣兴盛作贡献。

目　录

品牌亮点

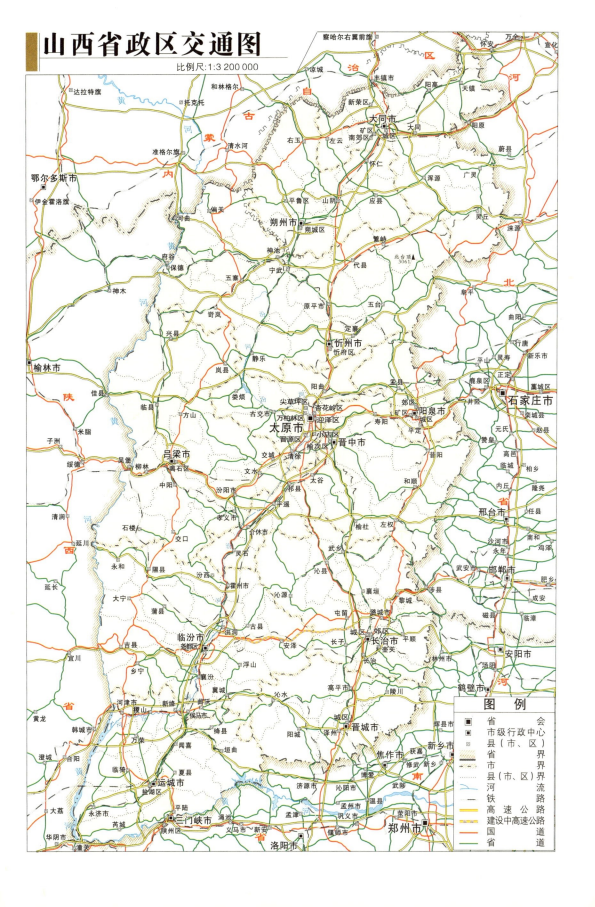

山西省政区交通图

比例尺:1:3 200 000

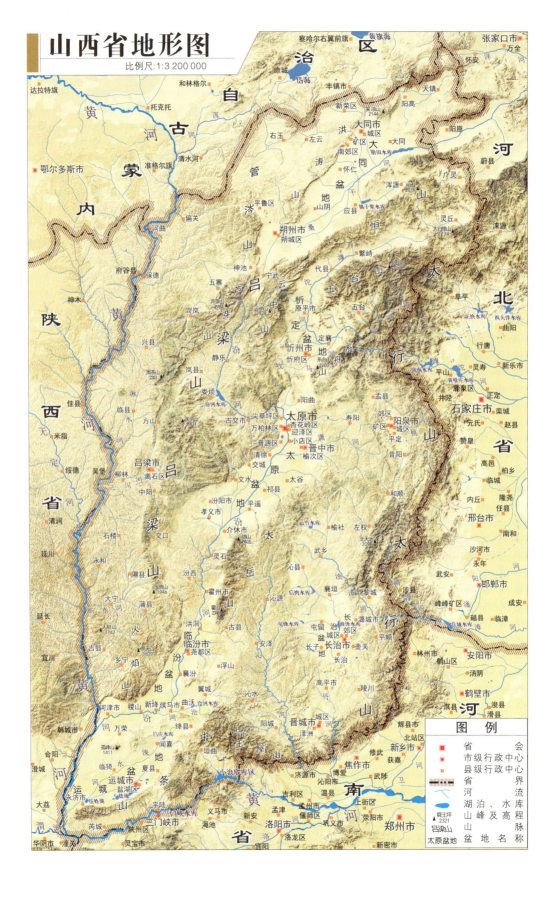

山西省地形图

比例尺:1:3 200 000

图例

■	省　　　会
■	市级行政中心
□	县级行政中心
	省　　　界
	河　　　流
	湖泊、水库
▲	山峰及高程
吕梁山	山　　　脉
太原盆地	盆　地　名　称

在人类历史上，古巴比伦、古埃及、古印度、古希腊、古罗马诸文明皆中断或消失，唯有古老的中华文明一直发展延续至今，堪称奇迹。中华文明的源头主要出于黄河流域、长江流域、辽河流域和珠江流域，其中又唯有黄河流域的文化未出现断层，因而成为全面体现华夏文明的主要地域。

山西地处黄河流域古代文化的中心区域，对于中华文明的发展形成关系极大，影响至深。黄河润泽滋养的山西，历史悠久，文化深厚。在"人猿相揖别"的远古洪荒年代，山西就出现了中国古人类的第一把石斧，第一堆圣火。黄河怀抱的临汾盆地和运城盆地，古称河东，是华夏文明最重要的根脉所在。最早的"中国"就诞生于这片土地之上，中华民族正是从这里进入了文明的大门。再往后，晋国及三晋文化的发展兴盛，成为中原正统文化参天大树的主干之一。山西，是中华民族汇聚融合的大熔炉，也是中国移民史上影响最大的集散地。洪洞大槐树是五湖四海万家百姓的梦中家乡，也是浪迹天涯炎黄子孙的故国河山。因此，说山西是"文明摇篮"，毫不夸张；说山西是"华夏之根"，名副其实。

"华夏之根" 文化遗存分布

比例尺:1:3 200 000

图 例

◆ 旧石器时代遗址
◆ 新石器时代遗址
🏛 传说中的都城
🏯 先秦时期的都城
🏛 先秦时期墓葬及遗址
🏛 纪念性建筑及遗存

“华夏之根”文化品牌从180万年前西侯度的第一把圣火，到4500年前陶寺的中华国家形态雏形；再从3000年前的晋国霸业，到600年前洪洞大槐树的移民，时代跨度绵长，内涵并非单一，又有不同历史时期的特质。因此，其虽属一个文化品牌，却难以混为一谈。故本文拟将其分解成四个部分，分别加以阐述，使读者深入了解“华夏之根”文化品牌各个历史时期的不同特点……

中国古人类文明的重要源头在华夏文明之前更久远的年代，山西

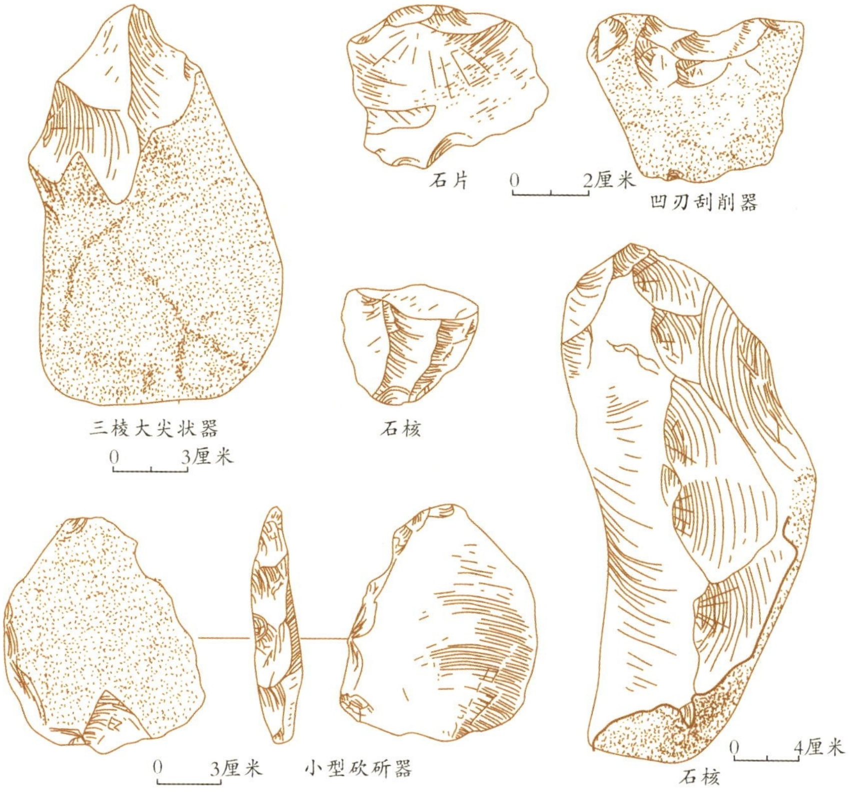
石片
0 2厘米
凹刃刮削器
三棱大尖状器
0 3厘米
石核
0 3厘米
小型砍斫器
0 4厘米
石核

西侯度遗址出土石器手绘

就是古人类发祥地之一。山西境内分布着数以百计的古人类文化遗存，数量占据全国之大半。旧石器文化内涵丰富，出现了许多中国之最：芮城西侯度最古的石器工具，朔州峙峪最早的石箭镞，吉县柿子滩最早的石磨盘……诸多重大发现，构成中国古人类文化完整的发展序列。众多的山西旧石器文化遗址，对于研究中国乃至世界古人类的进化演变和文化发展举足轻重，受到全球人类学界的瞩目。

中华文化孕育形成的核心地带

山西是黄河流域新石器文化的中心区域之一，先民们创造的灿烂文化，从"枣园稼穑"到"西阴之华"，遗址遍布南北各地。河汾哺育的临汾和运城盆地，古称河东，相传为尧、舜、禹建都之所，

陶寺遗址发掘现场

是华夏文明最重要的根脉所在。龙山文化以来的涓涓细流，百川归海；星散大河南北的部族，辐辏升华。塔儿山下的陶寺遗址，就是尧的国都。4500年后重见天日的城市、宫殿、大墓、文字、青铜、礼器、观象台和中华民族的精神图腾——龙，标志着国家政权的雏形出现，昭示着我们的祖先跨进了政治文明之门。 这里是最早的中国，中国人和中国文化的根，就在这里。

侯马晋国遗址
比例尺:1:110 000

中原农耕文明发展的重要区域

从"桐叶封弟"到"三家分晋"，一个百里小邦，发展成为地跨晋、豫、冀、鲁、陕、蒙的中原霸主。晋国600年的伟业，奠定了山西历史文化的基石，也成就了中原农耕文化北扩的最终格局。晋南是晋国的始封地和中心区域，遗存丰厚。"曲村—天马遗址"为晋国早期都城，"晋侯墓地"震动学界。"侯马晋国遗址"是晋国晚期都城——新田，"铸铜遗址"和"侯马盟书"名扬中外。中部的"晋阳古城"则是晋国末期执掌政柄的赵简子的政治军事基地，后来成为赵国的初期都城。"赵卿大墓"气势恢宏，令人惊叹。山西作为晋文化的核心区域，有关的文化遗存和名胜古迹众多，大有可观。

中国大移民后裔的故土家园

华夏远祖伏羲、女娲和炎、黄、尧、舜、禹在山西的神话传说与历史文化遗迹，标示着我们的根脉源流。山西北通塞外，南接中原，自古是中原与北方草原文化交汇融合的枢纽和熔炉，对中华多民族统一国家的形成贡献巨大。中华民族的形成和发展，得益于中国历史上无数次大大小小的人口迁移和流动。山西表里山河，易守难攻，自成体系。战乱时往往相对安定，人口聚集。每当国家恢复重建时，山西往往又是移民人口的重要输出地。强制性的移民，使得山西人播撒于大江南北，落地开花，繁衍发展。洪洞大槐树是五湖四海万家百姓的梦中家乡，也是天涯海角炎黄子孙的故国河山。

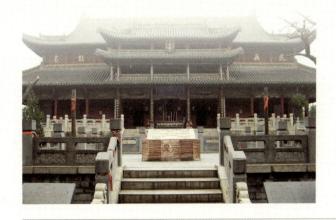

华夏之根的文化内涵，主要体现在四个方面。

寻根古人类

"我们从哪里来？我们往何处去？"这是人文科学的终极命题。人类的起源，在中国的传统文化中，也同西方的"神创论"相似，"女娲造人"和"盘古开天辟地"等神话传说占据着最主要的地位。近代以来，随着现代科学思潮的引入，"由猿到人"的进化论逐渐取代了传统的神创论，"劳动创造了人"成为人类起源的根本理论。

20世纪20年代，裴文中教授在北京周口店发现了"北京猿人"头盖骨化石，成为当时公认的人类最早的祖先，震惊了世界。因为在当时，世界上发现的人类化石只有尼安德特人和爪哇猿人。北京猿人头盖骨化石的发现，使中国成为研究人类起源的重要区域。

到20世纪50年代，随着考古调查发掘和研究的积累，古人类学家贾兰坡和王建提出，北京猿人可能并不是最早的，还应该有更古老的人类及其文化存在。深入研究后，他们的目光锁定了山西的黄土地。1959年，贾兰坡和王建等果真在芮城县西侯度发现了距今180万年前人类制造的打制石器及用火遗迹，成为我国乃至东亚地区发现的年代最为久远的古人类文化遗存。

山西不但是我国最早的人类发源地之一，还是我国旧石器时代文化遗址数量最多的区域。

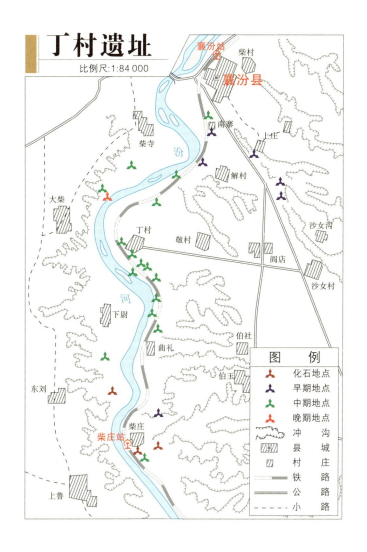

丁村遗址

比例尺:1:84 000

根据考古学研究，通常将人类文化的诞生至距今 1 万年前称为
"旧石器时代"。目前,山西已发现旧石器时代文化遗存达 300 多处,
遍布山西南北,数量居全国之首。其中,旧石器时代早期阶段的
古人类及文化遗存在中国共发现近 200 处,山西省就占到 157 处,
达 78% 以上。

山西的旧石器时代文化遗存内涵丰富、脉络清晰，早、中、晚阶段发展序列完整。早期遗存主要分布在中条山南麓的垣曲盆地、晋西南的黄河沿岸及汾河流域，漳河上游和桑干河流域也有零星的发现，其中，芮城西侯度和匼河遗址为该期的代表；中期以丁村遗址和许家窑遗址最为典型，其余分布于全省各地；晚期遗址及地点据统计将近 90 处。山西拥有数量如此丰富、发展序列如此完整的旧石器时代文化遗存，成为研究中国早期人类历史的重要省份之一。

旧石器时代的古人类以"攫取性经济"为其主要生存方式，受到生态环境的密切影响。当自然环境过于严酷，人们难以获得食物资源，而人类的智慧和认知能力还不足以克服这些困难时，生产力的发展就会长期停滞；如果自然条件过于优越，人们不需要花费很多时间和努力就能获得足够的食物资源，长此以往同样会抑制人类的创造能力，阻碍生产力的发展。山西位于黄河流域的中段，黄河流域地处温带，既没有热带和亚热带地区湿热的气候和丰富的动植物资源，也没有寒带地区那种当时人类难以战胜的严酷环境，所以，山西便成为古人类宜居之所，也成为中国古人类文明曙光初现之地。

可以说，从西侯度人燃起第一把圣火起，中国古人类便在山西大地上繁衍生息，薪火相传。黄河由北而来，转折东流去。怀抱的黄土地哺育着一代又一代的儿女，从蒙昧逐步迈向文明。

寻根"中国"

中国有着五千年的悠久历史，从古史传说中的"五帝时代"起，文明的足迹便从未间断。然而，中华五千年的文明史一直以来却频遭质疑。因为被考古资料证实的只有商代文明，商代之前被认为是神话传说。但是，正如夏鼐先生在《中国文明的起源》中所说："如果这是中国文明的诞生，未免有点像传说中的老子，生下来便有了白胡子。"20 世纪 50 年代以来，考古学家在河南偃师发现了在时空上与中国第一个王朝夏朝相符的文化——二里头文化。由此，我国文明起源的研究有了一个新的里程碑，夏朝的历史被证实。

二里头文化主要分布于河南西北部的伊、洛平原，以偃师二里头遗址为代表，年代距今大约 3800 — 3500 年。二里头文化已经出现了大型宫殿基址，具备了"国都"的地位，森严的等级区分，显示出二里头文化已经进入了非常成熟的国家阶段。

中国国家的早期阶段出现在何时何地？尧、舜传说是否有历史依据？这成为中国考古学的重大课题。

20 世纪 70 年代以来，这一课题在山西南部取得突破性进展。陶寺遗址的陆续发掘，表明黄河流域的华夏文明开始进入一个全新的高度和发展阶段。他们率先肇造国家政权雏形于此，以龙为图腾，初构"中国"，证实"尧都平阳"的历史传说。因此从这个意义上说，陶寺文化出现之后，黄河流域的华夏文明始可称之为中华文明了。

据科学测定，陶寺遗址的年代为公元前 3000 年至公元前 2000

年，其早、中期的考古学年代与《史记·五帝本纪》中的唐尧和虞舜的时代相当，晚期与夏禹的年代相当。

《孟子·万章上》云："尧崩，三年之丧毕，舜避尧之子于南河之南……夫然后之中国，践天子位焉。"司马迁亦视此为信史，《史记·五帝本纪》云："舜让辟丹朱于南河之南……夫而后之中国践天子位焉，是为帝舜。"其中的"中国"，当时的意思是国都，但所指的地点是尧帝的都城。那个时候，"九族既睦，便章百姓。

临汾尧庙尧殿

百姓昭明，合和万国"。而这兴旺发达的"中国"的核心应该就是陶寺这个地方。最早的"中国"人从这里出发，走向未来。

"五千年文明看山西"。最早的"中国"在山西，这是山西的骄傲，也是中华民族的骄傲。

寻根晋文化

山西简称"晋"，是因为西周以来山西境内曾经存在过一个强大的诸侯国——晋国。晋国起初号"唐"，是周成王的弟弟叔虞的封地，其子燮父改为晋，时在公元前11世纪前后。晋国经历约600年的发展，到公元前376年，被活跃在晋国政坛上的三大卿族韩、赵、魏所分割，史称为"三家分晋"。因此，山西又被称为三晋大地。

叔虞受封后，充分考虑到封地既处于夏人故墟，周围又有"戎狄环伺"的人文地理环境，实施了一套灵活的治国纲领——"启以夏政，疆以戎索"，既遵循了夏人的历史文化传统，又尊重了戎狄的风俗习惯。这一纲领的确立，使晋国的历史文化沿着不同于西周王朝正统体制的道路向前发展，使晋国具有一种独具特色的变革精神和开放精神，同时，它兼容不同民族文化的宽厚性格，有力地促进了华夏民族和戎狄民族间的频繁交往和文化交流，使晋国成为中国古代多民族活动的历史舞台和文化交流的熔炉。这一施政纲领直接规定了晋国历史文化发展的基本格局，构成了独树一帜的晋国文化。

晋国历代君主励精图治，一步步将晋国从最初的一个百里小国发展成了称霸中原的春秋霸主。从燮父改晋到文侯勤王，助平王开创东周政权，从献公扩土到文公称霸，主宰中原达百余年之久。最后，韩、赵、魏三分晋国，战国七雄竟有其三，占据中原半边天。晋国、三晋在中国历史上辉煌了 800 余年，在中原地区形成了以晋为核心的晋文化圈，其范围大到山西全部、河南、河北大半及山东、内蒙古、陕西小部的广大地域，对周边历史文化产生了不可低估的影响，成为中原文化和中国历史的重要组成部分。

寻根大槐树

山西自古便是中华民族形成的重要历史舞台。且不说更早的华夏远祖伏羲和女娲，距今 5000 多年前，黄帝、炎帝和蚩尤诸部落为了控制食盐资源，在山西南部相互战争和彼此融合，形成了华夏民族。尧、舜、禹肇创"中国"，相继建都晋南，俱载入史册。中国文明诞生在山西这片热土，这里是我们民族和文化的根。5000 年以来的根祖文化遗迹，需要我们保护研究，需要我们阐述发扬。

山西北通塞外草原，南接中原腹地，自古是中原华夏与北方各民族文化交汇融合的枢纽和熔炉，对中华多民族统一国家的形成贡献巨大。中华民族的形成和发展，得益于中国历史上无数次大大小小的人口迁移和流动。

山西有特殊的地理形势，东有太行之险，西有吕梁之阻，南有大河之堑，北有雁门之关，军事上易守难攻，自成体系。每当国家战乱时山西往往相对安定，人口聚集而且损伤亦较少。因此，到了战乱后国家恢复重建之时，山西往往又是移民人口的重要输出地。这种强制性的移民，使得山西人像种子一样，播撒向大江南北，所到之处落地生根，繁衍发展。

历史上由于草原民族南侵，汉人士族几次被迫流亡大迁徙，如晋之永嘉南迁、唐之天宝避乱和宋之靖康南渡等。这几次流亡移民对中国历史影响很大，结果主要体现在：一方面是来自北方草原的新鲜血液，增添了古老中华民族的活力；另一方面是将中原的先进文化扩展到南方所谓"荒蛮"之地，导致了国家经济文化重心的南移。就后者而言，南方客家文化的形成发展、河东望族在长江流域的繁衍兴盛，也都与此密切相关。

唐诗"北人避胡多在南，南人至今能晋语"（张籍《永嘉行》），足以反映永嘉南渡对于汉语方言分布的影响。明代人注意到"杭州类汴人种族"（陈全之《蓬窗日录》），"故至今与汴音颇相似"（郎瑛《七修类稿》）。可以说，南方地区汉语方言的形成，与不同时期的北方移民有着密切的关系。

在中国移民史上影响最大和辐射范围最广的，是明朝初年的山西洪洞大槐树移民。金、元时期，山西经济文化繁荣鼎盛，成为中国最为发达的地区之一。元末遍地烽火，造成许多地方荒无人烟。相对而言山西战乱破坏较轻，人口密度远远高于全国水平。明朝建立后，重建社会经济，大移民势在必行。洪洞大槐树移民从洪武初年（1368）至永乐十五年（1417）近50年间，总共组织实施了18次大规模的移民活动。大槐树移民目的地遍布国内18个省（区），500个县（市），是中国历史上规模最大的一次官方移民。

这次影响深远的大移民，虽然已经过去了约 600 年，但人们还是念念不忘，成为中华民族的集体记忆。可以毫不夸张地说，凡是有中国人的地方，就有大槐树移民的后裔。大槐树，洪洞的那棵大槐树，成为四海九州中国人的故乡老家，成为全球华人后裔寻访祭拜的故国祖地——"问我祖上在何处，山西洪洞大槐树"。

此外，还有太原王氏之繁，河东三族之盛，后裔遍及天下。近世以来，这些高门望族后嗣，来山西寻根拜祖之旅，络绎不绝于途。

综上所述，足证华夏之根文化品牌，含金充足，前途无量。

追寻古人类之旅

山西，自古就是人类繁衍生息之地。从 180 万年前起，山西境内太行、吕梁、恒岳、中条山之间，桑干河、滹沱河、汾河和漳河诸流域，便处处有中国古人类的活动踪迹。

距今 180 万年的西侯度遗址，是中国最古老的旧石器地点；峙峪遗址出土的石镞，是中国最早的弓箭箭头；柿子滩遗址出土的石磨盘，更昭示着文明的足迹向前迈进了一大步。

多年来，山西一直是考古学家追寻古人类踪迹的主要地区，在中国、亚洲和世界古人类研究中占据着重要的地位。对人类学考古有兴趣爱好者，值得一游。

石斧开辟新纪元　圣火照亮东亚天

180 万年前的山西中条山南麓，草原广袤，林深水阔，气候温和、湿润。森林里，野猪和剑齿象在自己的领地不停逡巡；草原上，麋鹿静静踱步，鬣狗、三门马、披毛犀奔跑、追逐；不远处，清澈的河水里，大鲤鱼和大河狸时不时游到水边，倾听岸上的声响；岸边，传来阵阵嘈杂的敲打声，那是远古的人类在敲制自己的工具——石器。

百万年前的历史实景，如今已不能清晰还原。芮城县风陵渡镇的西侯度村，沧海桑田的变更使得古老的历史只留下一些动物化石、石制品、烧骨和带有切割痕迹的鹿角，它们像是沉默寡言的地层发出的只言片语，透露着某些信息，却欲言又止，将线索、疑惑和思索同时留给我们：180万年前的这里是不是已经有远古人类活动呢？他们在生存考验下是否已经学会了制造工具，学会了用火烧烤食物？

百万年来，岁月的河水不断地冲刷、磨蚀了西侯度的石制品的锋刃，但人类的加工痕迹依旧在它们身上顽强地显现。围绕西侯度石器到底是自然的产物还是人类的制品，学界持续了近半个世纪的争论。解答疑问和争论的最好办法应该就是考古发现最新的证据。2005年，山西省考古研究所在西侯度相关地层中进行了新发掘，出土了地层明确的石制品和哺乳动物化石标本。研究者还发现，具有人工痕迹的石制品几乎都取自同一种石料，如果它们不是人工打造而仅仅由于河流的撞击形成，那么其他材质的石头也应当有机会形成这样的痕迹，但是在相同地点发现的其他石头却没有类似的特点。西侯度的年代和价值最终得到确认。

它们就是180万年前西侯度古人类的生存工具，而且是他们在长时间的生存活动中用自己的智慧和双手来制造的文化产品，是目前所发现的中国乃至东亚大地上最早的石器。

西侯度出土石器

　　有了这些工具，那么同时出土的带有切割痕和刮痕的两件鹿角就不足为奇了，它们应当就是西侯度古人已经会制作骨器的证据。

　　还有那些黑色、灰色、灰绿色的动物化石，是动物的肋骨、鹿角和马牙，它们在古人类学家精确化验后，被确认是烧骨。烧骨的出现本可以作为人类用火的直接证明，但由于西侯度遗址的埋藏环境，并不能排除这些烧骨是被森林野火所灼烧的可能，使得西侯度的用火披上了一层若隐若现的面纱。西侯度的人类与火的相关现象，是目前为止东亚大地上所发现的最早遗物。这谜一般的西侯度之火，照亮了整个东亚的远古夜空，也照亮了我们今天探索古人类文明起源的漫漫征途。

　　其实在发现西侯度之前，考古工作者就在芮城县风陵渡河村，发掘了匼河遗址，距今约 60 万年。这里出土的石器工具，也有砍砸器——用来砍伐、刮削之器——用来刮削木棒和割兽皮的大尖状器、小尖状器和石球。其中的三棱大尖状器有很锐利的尖部，推断可能是一种用于挖掘植物根茎的工具。而石球虽然加工得比较粗糙，表面布满了打击的碎小而凌乱的痕迹，但仍可看出是人为有意识打制而成的。它是一种用于狩猎的投掷性工具。由三棱大尖状器和石球组成的工具组合，反映了匼河古人类过着采集与狩猎并存的生活。

　　人类的活动在不断的进化中逐渐延展和扩大，古人类生存的能力获得了巨大的进步，我们仿佛隔着漫长的时空看到了旭日东升与夕阳斜照中的黄河古岸边，我们的祖先那采集野果、追捕狩猎的忙碌身影。在不断地触摸与奔跑中，他们实现着对自然的挑战，实现着对生命的精彩演绎，实现着对子孙后代哺育与教养的责任！

泥河湾湖畔猎马　桑干河石球显威

山西省阳高县桑干河上游的许家窑村，有一处10万年前的古人类生活遗址，这里是山西境内古人类化石发现最多的地方，也是目前为止国内发现旧石器时代石器工具——石球最多的一处遗址。

许家窑人生活的时期，气温要比现在低一些，冬季严寒，夏季凉爽，这里是一片巨大的湖泊，湖边绿草青葱，草地上活跃着成群的马和羊，还有野驴和活泼的野兔，狼和虎等食肉动物却很少出没，许家窑人就在湖滨草岸过着以狩猎为主的生活。野兔们机敏灵巧，善于钻洞，常常能顺利地逃脱人类的追捕，而大块头的马、驴、羊相比来说则不那么灵活，往往在人类的围捕下束手就擒，它们就是许家窑人的主要食物。

许家窑石球

马和驴固然不如小动物逃脱灵活，但也可以四蹄如飞，而两足奔跑的许家窑人是怎样捕获这些猎物的呢？遗址中发现的 1000 余件石球试图告诉我们答案。这些石球有大有小，有很圆的，也有不是很圆的，大的超过 1.5 公斤，小的只有 100 克。它们的表面都经过纵横交错的加工打制，便于抓握或捆绑。从它们的形态推测，使用方法可能有两种：大石球重量适中，可以直接用于投击，人们瞅准猎物将手中的石球投掷过去，把猎物打晕或打伤；小一些的石球可能用来做成"飞石索"，石球被拴在绳索的一端，像如今的链球运动一样，人们利用旋转的力量把它远远地扔向猎物，击中或套住其腿部。使用这种工具，等于延长了人的肢体，将奔跑的动物逮住，获得更多的食物。

会制造这样先进工具的许家窑人，他们长的什么样子呢？遗址中出土的人类化石共 20 件，有头骨，也有牙齿，代表的人类个体有大人，也有儿童。虽然还不能根据这些来复原许家窑人的具体长相，但是它们为研究者提供了较为丰富的资料，让我们知道，许家窑人有些特征与北京猿人接近，有些特征与现代人较为接近。

聪明的许家窑人能将许多器类都加工得很精致，他们掌握了娴熟的石器打制技巧，承接了北京人文化的小石器传统，特色鲜明，与之前的西侯度文化、匼河文化、丁村文化为代表的大石器风格迥异，为我们呈现了古人类石器制造技艺的又一番风貌。

大石器繁荣汾河湾　细石器风行中条山

十几万年前的古老汾河岸边，曾经有一群远古人类，生活在岸边的微红色土地上，这里是山西襄汾县的丁村，而这些古人类就是我们今天说的丁村人。在如今的厚厚黄土之下，深掩着当年的红色大地，红色是由于当时湿热气候分解土壤中的矿物质后形成的。粗犷的身影就曾在烟波浩荡的汾河岸边，在燥热而潮湿的空气里辛勤地忙碌，是忙着采集野果，还是忙着寻找制作工具用的石料？

我们大概可以从发现的遗物和遗迹上猜测丁村人的生活情况，他们应当以采集植物的根、茎、叶、果实为主要的食物来源。这里的石器主要有：用来挖掘植物的块状根茎的尖状器、砍砸树木果核等的砍砸器、刮削树皮兽皮等的刮削器。他们选择宽大的石片来制造各种大器具，制造出的石器往往体态较大，沉稳厚重，并不注重精细的加工，而是强调锋利的边刃，而这正是他们生存活动的需要。

智慧的丁村古人类在总结生存经验之后，选择了风格粗放的大石器作为自己的主要生存工具，他们继承西侯度文化和匼河文化的石器制作技术，并将这种技术发展得日臻完美，学者们将这类大型石器工具命名为"丁村尖状器"。大石器文化繁荣了整个汾河沿岸，不仅为汾河流域古人类的繁衍生息提供了保障，也形成了独特的打制石器传统，学者们称其为"匼河—丁村系"，成为华北地区打制石器的两大传统之一。

大石器文化的光辉照耀着古老的山西大地，但它并不是唯一的

丁村尖状器

下川小石器

光源，随着人类的不断演进，在距今 2 万多年前，山西细石器文化的大发展时代也出现在中条山腹地。在沁水县城西南中条山的一个山间盆地，下川文化就孕育在这里。大约 2.4 万年前，气候上正是冰期的极盛时期，气温比现在低 10 度，整个自然环境尽管恶劣，挑战着当时人类的生存，但在这个盆地中既有两边山崖上石灰岩洞的存在，也有开阔平坦的土地，山间峡谷中溪水长年不断，为人类提供了优良的栖身之所。

万年之后的今天，下川古人类的踪影已经消失，但他们留下了许多生存的印迹，诉说着当时的情景。遗址中发现的石器，以细小石器为主体，与丁村文化的大石器不同，所选用的原料也不同，多是黑色的燧石，它们被加工得很细致，小巧而薄长，说明它们的用途并非直接使用，而是更适合镶嵌成刀、锯、短剑以及弓箭和标枪。这些细小石器代表了旧石器时代石器制造的最高水平，社会的经济生活开始了新的飞跃。在遗址中还有一些石磨盘出土，推测它们可能与采集农业和原始的种植业的出现有关，当下川人类的猎物不足时，可能已开始培育植物。

工具在人类进化发展的历程中始终扮演着重要的角色，它们由人类生存活动的各种需要而产生，又促进着人类的演进，不论是丁村的大石器文化还是下川的细石器文化，都是山西大地古人类聪明才智的体现，是对整个人类进化史的贡献。

黑驼山弯弓猎马　鹅毛口打磨石器

在山西省朔州市城西北的峙峪村，黑驼山东麓，一条峙峪河绕村而过，这里三面青山围绕，而东面是广阔的平原。大约2.8万年前，就有古峙峪人在这里生存繁衍。我们还知道，当时这里是成片的草原，在一望无际的草原中夹杂着低矮的灌木林，人类和一些草原动物们共同生活在这儿，有野马、野驴、羚羊，还有鹿和鸵鸟。

那个已经默然远去的年代，是如何让我们发现它这些秘密的呢？是自然环境的厚待吧，岁月的磨砺不仅没有消融掉峙峪人生存的痕迹，还帮助它们如石一般坚硬地留存。在峙峪遗址中，考古人员发现了一块古人类的枕骨化石以及众多石器和动物化石，还有一件独特的穿孔石墨装饰品。这些坚硬的遗存共同为今天的我们提供了判断的依据，告诉我们峙峪人生活时的自然环境，他们在干旱而温凉的草原地区过着以狩猎为主的生活。

遗址中存在的大量马类动物化石便是这种狩猎生活的最好证明，考古学家送给峙峪人一个美丽而传神的名字"猎马人"，我们仿佛能看到宽广的草原上那些英姿飒爽的猎人们的身影，我们也在想象他们手中举着怎样的工具来猎取那些奔驰而过的野马？这个答案并不难找到，在已发现的众多石器中，有几件石镞非常引人注目。石镞，就是石制的箭头，用很薄的石片制成，尖端极锋利，底端也经过加工，由宽慢慢变窄，整个石镞精致而典型，这是迄今所知我国最早的石镞。箭头的发现说明峙峪人已经开始使用弓箭，这类工

峙峪石镞

具的使用让人类的手臂得到延长，打击速度得到升级，捕猎的能力大大增强。食物的丰足满足了人类基本的生存需求，同时激发着人类精神生活的创造，穿孔的石墨装饰品提示出峙峪人已经开始艺术品的制作，对美的追求在这时已经初露端倪了。

可以说，黑驼山下的峙峪人在2万多年前的古代草原上，弯弓射箭，开辟了弓箭时代的新生活，开启了人类进步与进取的大门。

石器工具种类的增多与工艺的进步，让我们在不断地发现中感受着一点一滴进步的艰难与神奇，感受的积累催生了我们更多的思索，随着工具的增多，有没有产生专门制造石器的场所呢？考古的发现，又一次帮助我们解答了疑问，怀仁县的鹅毛口石器制造场遗址，就是这样一处讲述石器制造往事的地方。

在鹅毛口遗址内没有发现人们日常生活的遗迹，只有大量的石料及未完成的石制品。遗址范围内有许多质地坚韧的岩石，生活于附近的人们应该是长期利用这个合适的原料产地，就地取材，加工制作出生产活动中所需的各类石器。石料和半成品集中在这里，说明制成的石器工具成品已被拿走使用，而这儿就是一处专门的制造场所。在这个制造场中除了有传统采集和狩猎所用的工具外，还发现了较多的石锄、石镰等农业生产工具。石器的制造工艺既有旧石器时期的打制方法，也有新石器时期的磨制技术。我们可以判断，当时这里或许已出现了原始的农业，而且这处石器制造场沿用的时间较长，衔接了旧石器时代与新石器时代，它不仅是华北石器制造场的代表遗址，也为我们真实反映了石器打制与磨制的情况，丰富了我们对于古人类生存活动的多方位认识。

壶口瀑布岩画美　柿子滩头石器新

黄河水在晋陕大峡谷中奔流，静静滋润每一寸她所经过的土地。在名闻天下的壶口瀑布之南，有一条名叫清水河的支流，一个满是柿子树的山梁，也曾在平静而漫长的岁月里静静地伫立。有一天，雨水将山梁冲出了一条小沟，冲下了许多黑色的小石块，也许谁也没有想到，正是这些"黑石"，让柿子滩这个僻静的地方变成藏有石破天惊大发现的国家一级考古遗址。

柿子滩遗址距今1万多年，是我国目前发现的面积最大、堆积最厚、内涵最丰富的一处原地埋藏遗址。1万年前，整个地球都经历着末次冰期的巨大气候变迁。这里是一片荒漠草原，许多大型动物都灭绝在这个时期，生存在柿子滩的动物多是擅长奔跑、耐干旱寒冷的犀牛、羚羊、马等等。可以想象当时人类的生存一定面临着非常大的考验，如果没有一定的技能和巨大的勇气，人类难免会倒于自然的脚下。然而，今天我们在柿子滩遗址发现的上万件石制品、20多处用火遗迹，以及用蚌壳、动物骨头和鸵鸟蛋皮制作的各种钻孔装饰品和岩画，都在高声宣告着，柿子滩先民们以自己的勇气和智慧接受了自然的严峻挑战，并且获得了胜利。

柿子滩的石器多是2厘米大小的小型石器，原料应来自附近河滩上的砾石，它们精致而小巧，形制规整，代表了非常成熟和先进的石器制作技术。那些极具特色的刮削器和尖状器，可能是装在木

柿子滩石磨盘

柿子滩蚌壳穿孔饰品

柄上使用的矛头，是人类的狩猎工具，这些工具反映出他们所进行的动物屠宰、肢解、切割和皮革加工等生产活动。

柿子滩发现的旷野类型古人类用火营地，也是一处独特的人类遗迹，它不像别的地方用石块围成圈，中心形成了火塘和深的灶坑，而这里的灰烬堆积并不厚，而且直接燃火于地面，考古学家推断它是一个临时性的烤食猎物和驱寒的场所。

这些狩猎生活的证据让我们了解到柿子滩先民的主要食物来源，而遗址中同时发现的石磨盘和石磨棒，又告诉我们它们与加工谷类有关联，可以说当时人类的生活中有了农业经济的痕迹，而农业是新石器时代的典型表征。不难判断，柿子滩遗址所代表的文化已经叩开了从旧石器时代到新石器时代这场划时代变革的大门。

生产力的发展推动着文明的演进，而人类精神世界的演进也是文明发展进程中的巨大推动力，柿子滩遗址中，不仅有石器工具遗物所证明的新进步，还有佐证人类审美和艺术发展的遗物遗迹，穿孔制品做工细致而匀整，体现着流畅的美感，小小一枚蚌壳承载着远古人类几多情感流露。而不远处崖壁下两方赤红色的岩画更是以质朴却生动的画面来表现内心世界，即使这画面我们现在还不能解读，但是一样被这些美的表达感动着，感受远古祖辈的伟大创造力，感叹他们的辛劳与勇敢！

柿子滩外，壶口瀑布的滚滚涛声久久地回响，回响中透露着1万年之前人类敲打石器制造工具的声音，透露着猎人们追逐猎物欢呼收获的声音……即使这样久远的岁月过去，人类的痕迹依然未被自然消融，旧石器时代的艰难与磨砺即将在人类智慧的不断推动下，迈向一个新的时代！

柿子滩岩画摹本

发现"中国"之旅

山西新石器时代文化遗址遍布全省各地，目前已发现有 2000 多处，可分为前仰韶时期、仰韶时期、庙底沟二期、龙山时期等不同文化类型。翼城县的枣园遗址，距今 7000 年左右，是山西最早的新石器时代文化遗存。枣园文化应该是后来盛极一时的仰韶庙底沟文化的直接源头。庙底沟文化距今 6300 年左右，非常繁荣强大，迅速向四周扩散。在改变各地原有文化面貌的同时，与当地文化交织融合，形成了不同地区各具特色的庙底沟文化，足迹遍布整个黄河流域，如星密布。发展到距今 4300 年左右的龙山时期，山西南部地区最终以其先进的文化和雄厚的实力率先蜕变升华，迈进了文明的大门，引领华夏民族走向辉煌。

枣园稼穑奠基山右　彩陶之花盛开河东

山西已发现的新石器时代文化遗存有 2000 余处，其中，翼城县的枣园遗址是迄今为止山西发现的最早的新石器时代文化遗存，它的发现，将山西新石器时代的上限推到了距今 7000 年左右。考古学家在枣园遗址发现了农业生产中较为常见的一种工具——石磨棒。石磨棒最早可以追溯到旧石器时代，是用来研磨、粉碎野生果实的一种工具，在进入新石器时代后，被普遍用在农业加工中，成为新石器时代农业遗址中常见的一种加工工具。

枣园深腹陶钵

在枣园遗址，考古学家还发现了大量陶器残片，出土并复原陶器100多件。这些陶器多素面磨光，不过，在一些钵类陶器的口沿部位，却装饰有一圈彩带，颜色和器体不同，多为红色和褐色，为彩陶的雏形。因陶器生产之初，制陶工艺尚不成熟，所以并没有刻意的装饰纹样，但是，

枣园彩陶残片

随着审美意识的增强和工艺条件的具备，人们把各种天然矿物原料绘制在陶器表面，形成了色彩斑斓的各种图案，彩陶便应运而生。我国新石器彩陶最繁华的时期是仰韶文化时代。仰韶文化因 1921 年首先发现于河南省渑池县仰韶村而得名，主要分布在渭河流域、豫西和晋南地区。这一时期，彩陶不但大量出现，而且图案丰富多彩。枣园文化在时代上属于前仰韶时期，可以说，山西的彩陶文化正是在枣园开始萌芽发展，最终在仰韶时期繁盛于山西南部，绚丽绽放。

枣园遗址于 1991 年被发现，到 1996 年被公布为山西省重点文物保护单位。

庙底沟黄河文明扩展　西阴村中国考古诞生

长期以来，学界一直认为仰韶时代的庙底沟文化源于西安半坡类型。但根据近年来的发现和研究，庙底沟文化的真正源头是分布于晋南、豫西一带的枣园文化。庙底沟文化中最具特色的双唇口尖底瓶和玫瑰花图案的彩陶盆，正是在枣园文化小口壶和卷沿盆的基础上逐步演变而成的。

庙底沟文化因 1956 年发现于河南陕县庙底沟遗址而得名，主要分布于豫西、晋南和渭河流域，是仰韶文化发展的鼎盛时期。

庙底沟文化从枣园文化发展而来后，在距今 6300 年左右迅猛发展，形成了强大的辐射波，向四周扩散，在其萌芽、发展、扩张、收缩、瓦解的过程中彻底摧毁了当地固有的文化格局，形成了不同地区各具特色的庙底沟文化，造成了诸多族群的重组与融合，影响范围极广，几乎遍及整个黄河流域，基本控制了中原的广大地区，奠定了华夏文化的空间基础。

目前，南部地区庙底沟文化的代表有翼城北撖遗址、南撖遗址和夏县西阴村遗址等几十处；中部以祁县梁村遗址和汾阳段家村遗址为代表；北部以大同马家小村遗存为代表。其中，西阴村遗址的发掘，具有划时代的意义。

1926 年 2 月，时任清华学校（清华大学前身）国学研究院人类学教师的李济先生和中国地质调查所袁复礼先生，到山西晋南考察传说中的"尧帝陵"、"舜帝陵"和"夏后氏陵"，在路经夏县西阴村时，发现了一大片到处都是史前陶片的遗址。这些陶片很多都绘制有三角形、直线和大圆点等图案。李济先生瞬间便萌发了发掘西阴村遗址的想法。1926 年 10 月 15 日，李济先生再次踏上西阴村这片土地，正式开始考古发掘。这是中国人独立主持田野考古发掘工作的第一次，标志着中国现代考古学的诞生。这一刻，西阴村和李济成为中国考古史的永恒坐标。

西阴村遗址现存面积 30 万平方米，发现有庙底沟文化的房址、陶窑和灰坑等，出土遗物包括石器、骨器、蚌器及陶器等多种类型。此外，还发现了一颗被割掉一半的蚕丝茧壳。

彩陶瓶

　　我国历史上有关远古先民育蚕制丝这一伟大发明的神话或历史记载颇多。最流行的说法是黄帝元妃嫘祖，她教民育蚕制丝以供民衣服，是我国养蚕的肇始。虽为神话，但也揭示了育蚕制丝的历史是发生在新石器时代。如今西阴村里还有一座嫘祖庙，供奉的就是这位养蚕缫丝的娘娘。对于这一蚕茧标本，李济先生多方考证之后，曾感叹道："蚕丝文化是中国发明及发展的东西，这是一件不移的事实！"西阴村遗址蚕茧的发现，无疑是一个有力的证据，也可以说是文明的一个重要标志。后世"丝绸之路"，肇始于此。现存于台湾"故宫博物院"的西阴蚕茧标本，已被确认为中国丝绸史上最重要的实物证据，受到全世界科技史学者的关注。

彩陶盆

　　西阴村遗址的彩陶是最丰富的。这些彩陶以花卉纹饰为主要特征，纹饰的基本结构由圆点、曲边三角、半月形、曲线或条带与直线组合而成。许多学者认为，这些花，就是华夏民族之"华"的源头。

　　庙底沟文化发端于陕、

晋、豫交界区，影响极广，东至于海，西披甘青，南抵长江之滨，北达燕山之阴。其彩陶以绚丽多姿的彩绘花纹为旗帜，开启了华夏族群浩荡洪流的先河，成为华夏文明的滥觞。

西阴村遗址由于其重大的学术价值，被列为山西省重点文物保护单位。

神秘人面惊现沟堡村　琳琅玉器群出清凉寺

山西省吉县的沟堡村人口稀少，地势偏僻，由于交通阻隔，几乎保持了较为原始的生存状态。在这里，仰韶时期庙底沟文化的陶片俯拾皆是。2003 年，考古学家在沟堡村展开了考古发掘，发现两处庙底沟文化时期的房址。在一处房址的北壁，有一件形状奇特的器物引起了考古学家的重视。这件器物整体为筒形喇叭状，口底贯通，顶部盖着一块石板，喇叭口朝下放置，整体已经被熏成了黑色。此器形似人面，分别用泥块贴塑出眉毛、眼眶、鼻子、颧骨和嘴唇的形状，嘴巴和眼睛为镂空，颧骨高凸，鼻梁挺直，形象古拙。

沟堡人面器

在以往的考古发掘中，从来没有见过这样的人面筒形器物，这件器物究竟是做什么用的呢？

从房址出土的可以复原的器物及大量烧土块情况来看，这座房子可能毁于一场突发性火灾。由于这件人面筒形器为陶土烧制而成，陶质松脆，不适宜搬挪，应该是长期固定安放在墙壁一角的，由于它被紧贴墙壁放置，才在这场灾难中幸免于难。将一件人面形器长期固定放置在某一处，而它又不具备实用的功能，所以，考古学家推测这应该是含有某种宗教寓意的，是一件部族首领用来祭祀神灵的物件，也不排除是某种社会权威的象征物。

清凉寺有孔石刀

清凉寺玉琮

在生存条件极其艰苦的史前时代，人类蒙昧无知，面对庞大而神秘的未知世界，他们充满了虚幻的猜测和无比的敬畏，由此产生了对某种神秘力量的祭拜，这些陶塑人像可能就是当时人类祈求神灵护佑、祛灾降福，用来和神灵交流的一种媒介。透过这件奇特的人面筒形器，我们似乎可以看到先民在这间房子内虔诚祭拜的肃穆表情。

芮城县位于山西省西南部，分别与陕西大荔、潼关和河南灵宝隔黄河遥遥相望，素有"鸡鸣三省闻"之称。这里有一处新石器时代的古遗址被评为2004年度"全国十大考古发现"，这个古遗址就是著名的清凉寺墓地。

清凉寺墓地距今大约4300—4500年，所表现出的阶级分化非常明显。大型墓葬不但规模较大，拥有一大批代表身份和地位的精美玉器，而且还有殉人的现象，即用活人来陪葬墓主人的现象，墓主人的身份应该属于社会的最高层；小型墓葬除了个别有几件玉器外，普遍没有什么随葬品，身份应该是普通的部落成员；最低等的是那些殉葬者，他们地位卑微，与墓主人存在巨大的反差，被用来陪葬墓主人，他们应该是社会的最底层。

清凉寺玉璧

阶级的分化和对立，是古代文明起源的标志之一，清凉寺墓地所体现出的阶级差异对诠释中原地区的文明历程具有重要的意义。

清凉寺墓地所在的地区位于陕、晋、豫交界处，属于中国传统意义上的中原地区，是我国古代文明发展的核心区域。当时中原地区正在发生一次大规模的文化变革，周边各种文化因素在这里汇聚，为国家形态雏形的出现准备了条件。它的发现对探索中国文明的起源具有重要的意义。

满天星斗辐辏陶寺　中华文明成型尧都

新石器时代后期，也就是先前说到的仰韶时代庙底沟二期文化到龙山文化时期，黄河流域诸多部落和族群如同夜空繁星，遍布各地。

古史传说：以黄帝为首的部族和以炎帝为首的部族是众多部落中最有名的两个。黄帝族和炎帝族最初都生活在陕西一带，后来渡过黄河向东发展。黄帝族到达山西南部地区后，在河东盐池附近的涿鹿建立了都城。炎帝族则迁徙到黄河以南的河南、河北、山东一带。这些部族经常为了争夺资源展开激战，其中具有划时代意义的两次战争是发生在河东盐池附近的阪泉之战和涿鹿之战。在这两次战争中，黄帝族分别战胜了强大的炎帝族和蚩尤族，统一了华夏民族。故此，我们至今仍以炎黄子孙自称。

黄帝以后，尧、舜、禹分别成为华夏族的首领。据古史记载，尧将都城设在平阳，舜的都城在蒲坂，禹则将都城定在安邑。这三个都城的具体方位虽未最终确认，但应该都在山西南部地区。尧、舜、禹正是在这片土地上，率领华夏民族跨进了文明社会。

考古学的可靠证据使得尧、舜、禹传说时期的历史变得逐渐清晰起来。最有力的证据就是位于襄汾县的陶寺遗址。

陶寺遗址位于临汾盆地襄汾县城东北约 7.5 公里的陶寺村南，西临汾河，东靠塔儿山，总面积有 400 万平方米。陶寺遗址于 20 世纪 50 年代初由山西省文管会发现，70 年代开始，为寻找历史上最早的朝代——夏朝的都城，由中国社会科学院考古研究所会同山西文物部门进行发掘。第一轮发掘结果表明，陶寺遗址与所谓的"夏墟"并无关联，而是更为久远的文化遗存，距今 4500 年左右。

陶寺遗址发现有规模空前的史前城址、宫殿、宗庙、观象台等建筑遗迹和随葬品规格很高的贵族大墓，出土了大量陶器、木器、石器、玉器及骨器，还有此时期罕见的青铜器。从出土的文化遗存来看，陶寺遗址已经具备了国家都城的基本要素，展现了中国早期国家形态的雏形。也让人们不禁将它和传说中的"尧舜之都"联系起来。

都城

城市的出现是文明起源的重要标志。恩格斯在《家庭、私有制和国家的起源》一书中这样写道："在新的设防城市的周围屹立着高峻的城墙并非无故：它们的壕沟深陷为氏族制度的墓穴，而它们

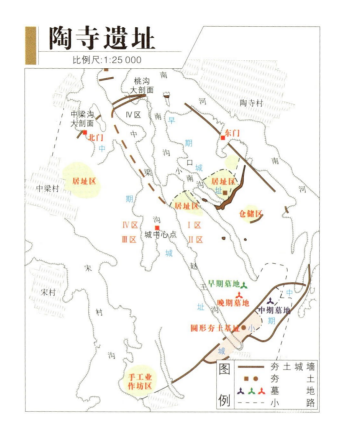

的城楼已经耸入文明时代了。"

在陶寺遗址，考古学家分别发现了陶寺中期和早期的城址，而且是中国史前最大的城。中期城址分为大城和小城，大城平面为圆角长方形，东西长约 1800 米，南北宽约 1500 米，面积约 270 万平方米，加上两道南墙之间面积约 10 万平方米的小城，陶寺文化中期城址总面积约为 280 万平方米。

陶寺早期城址的位置在中期城址内东北部，南北长约 1000 米，东西宽约 560 米，面积 56 万平方米。城的南部设置为居住区，大致分为东、西两个小区，东区是陶寺遗址的宫殿区，西区居住的是下层贵族。西小区总面积在 1.6 万平方米左右，已探出面积较大的夯土建筑多座，甚为密集。房子周围垃圾坑、窖坑环绕，居住环境相对较差，等级似乎不是很高。但是，这里一些房子的基坑建筑面积达 300 平方米，规模较大，房子内白灰面表面处理相对考究，而且出现了双连间房子，从小区内垃圾坑里浮选出来的大米粒弥足珍贵，所有的信息说明这里的居民并不是普通的平民，更有可能是下层贵族。

陶寺城址中，大城套小城，小城有宫殿，城中还设有专门用于祭祀和观测天象的"神台"，这正是文明社会成熟的表现，也符合作为"王都"的基本条件。这样一座气势宏大的都邑，应该就是"尧都平阳"之所在。

宫殿

宫殿是统治阶级的活动场所，是等级分化的历史产物，它作为都城的重要组成部分，成为政权形成的一个重要标志。

陶寺遗址的宫殿区位于早期城址南部的西区，面积约 5 万平方米。在宫殿核心建筑区，考古学家清理出宫殿区附属建筑的夯土台阶，夯土台阶面宽 7.9 米，纵深 7.5 米，台阶顶部用 12 块大小不等的夯土版垒砌建成，台阶表面残留"之"字形坡道，坡道 20 度，保留着较好的踩踏路面，从沟底盘桓上至台阶顶部，可以进入核心建筑区。

在清理夯土台阶上的大量建筑垃圾堆积时，考古人员还发现了大块篦点戳印纹白灰墙皮和一大块带蓝彩的白灰墙皮，说明小城内当年不仅有宏伟的宫殿，而且宫殿建筑的墙壁曾有彩绘。此外还清理出大量普通居住区难得见到的器物，如大玉石璜、绿松石片、红彩漆器等。这些奢华的遗物证明，即使是这里的建筑垃圾和生活垃圾的品质在陶寺城址中也都是最高的，可见宫殿主人的身份与地位。

大墓

都城与宫殿之外，应该少不了最高权力者的墓葬。古代"视死如生"的理念，将当时的生活状态几乎完全映射在墓葬中，墓葬忠实地记录了当时王与臣、臣与民、富与贫等阶级观念的建立和私有制发展阶段所体现出的阶级矛盾。

陶寺墓地位于陶寺中期小城西北，面积约3万平方米，现已发现墓葬1000余座。墓葬分为大、中、小三种规模，大墓只占1.3%，中、小型墓葬占98%以上。这些中小型墓葬随葬品稀少，而大型墓则不仅有丰富的随葬品，包括彩绘陶器、彩绘木（漆）器等具有高超水平的工艺品，而且有显示墓主人身份及地位的玉钺、石钺和礼乐重器，贫富差别与阶级对立十分明显。

一座编号为3015的大型墓葬出土各类随葬器物178件，包括陶器14件，木器23件，玉石器130件，骨器11件。另有30件随葬品被扰动，发现在灰坑H3005中，故此墓原有随葬品总数应当在200件以上。这些随葬品摆放在木椁四周，右侧主要放置炊具和饮食具，上方有木豆、木盘、木斗，中部有陶灶、陶、陶罐，下方有木俎、木匣、石刀、石锛；左侧主要列置礼乐器、工具、武器及玉、石器，上方有玉、石、骨器、木豆和象征财富意义的缲丝器——"榬"及多种不辨器形的彩绘木器，中部为成束的石镞、骨镞，下方是鼍鼓、石磬、石研磨盘和磨棒；足端近墓壁处还有一副猪骨架。

这座大墓的随葬规模极其宏大，尤其是王室重器——鼍鼓、特磬的出土，以及象征着王权的玉钺和石钺的出现，不得不让人怀疑这座大墓的墓主人是否就是传说中的帝尧。这座具有王墓性质的大墓的发现，足以证实陶寺遗址所在的这一片地方曾经就是一座王都。

陶寺玉神面

礼器与青铜

礼器，是中国古代文化中特有的东西。它们本来是实用器物，伴随着权势贵族在祭祀、宴飨、征伐及丧葬等礼仪活动中的频繁使用，逐渐发展成为使用者身份等级与权力的标志物，后来更发展成中国礼乐文化象征物，在世界文化中独树一帜。

礼器的滥觞，源于用来沟通神灵的玉器（如琮、璧、珪）和作为军事权威象征的武器（如斧、钺），在古代文化遗存中比较普遍。

在陶寺遗址的大型墓葬中，除了出土玉钺和玉神面之外，还出土了一系列乐器，有鼍鼓、土鼓、特磬和铜铃等。鼍鼓是用鳄鱼皮做鼓面的木鼓，外壁着彩绘，高约一米。

陶寺鼍鼓

陶寺特磬

陶寺铜铃

特磬属于石制打击乐器，通高 80 厘米。土鼓形似葫芦，是陶寺遗存独具特色的陶器。需要特别指出，作为组合乐器的鼓和磬，是两种仅见于古代文献的宫廷庙堂乐器，首次出土于 20 世纪 30 年代安阳殷墟商王陵的发掘中。陶寺的发现又把这组重要礼乐器的历史提早了千年以上。鼍鼓和特磬属于王室重器，只有在国

陶寺土鼓

家举行大型祭祀活动时才使用，以此陪葬，足见墓主人身份特殊。这也是乐器作为礼器使用的最早例证，或者还可以说是中国礼乐文化成型的标志。

陶寺遗址还出土了一件青铜铃，这是我国发现最古老的金属乐器，而且已经相当精致。它的出现，证明早在 4500 年前，陶寺先民已经率先掌握了青铜冶炼铸造技术——代表着当时最先进的生产力和文明程度。2009 年考古人员又在陶寺遗址发现了迄今最早的青铜容器的残片，打破了认为最早是夏代后期才有青铜容器的认知；2010 年又公布一件有 29 个齿的铜环齿轮形器，更是令人惊讶。这也表明我们距离认识陶寺青铜器全貌还很远。

龙盘

龙，是中华民族的象征，龙文化和中华文明的发展一脉相承，它随着中华文明前进的步伐，生生不息地传承下来，一代一代的中华儿女便是"龙的传人"。

在陶寺遗址的 6 座大型墓葬内，一共出土了 4 件绘制有龙纹的彩陶盘。其中一件高 8.8 厘米，口径 40 厘米。龙纹绘制在盘的内壁，龙头位于盘的口沿部位，龙身向内卷曲，龙尾伏在盘底的中央。蟠龙用红、白两种色彩绘制，周身遍饰红色的鳞纹，颈部双鳍对称，豆目圆睁，张口露齿，吐出长长的信子，形状类似麦穗，整个形象充满了丰富的想象力。

考古资料显示，最早的龙的形象出现在 6000 多年前河南濮阳西水坡遗址的蚌塑龙虎图案中，在 5000 多年前辽宁红山文化遗址

陶寺彩陶龙盘

中出现了玉雕龙。这些龙的形象和陶寺遗址彩绘龙盘中的龙一样，都是以蛇为主要的原型，吸收了鳄、鱼等动物的某些特征想象而成，与生活在水中的动物息息相关。当时的人类常常面对洪水的无情吞噬，在与洪水抗争的过程中，便幻想着自己能像蛇、鱼、鳄等动物一样，敢于在水中自由游动，所以，便整合出龙这样的动物，并将它作为自己部族的图腾加以崇拜。

传说，帝尧的母亲"与龙合婚"而生下尧，尧作为龙的儿子，自然就成了龙的化身，尧及以后的华夏族首领，便把龙作为自己部族的图腾象征和族徽。

陶寺遗址所出的龙盘，正是这个"国家"的图腾和徽记，同时又作为王者的化身和王权的象征，陪葬在大墓之中。也许正是从这里开始，后来的中国统治者将龙推崇到至高无上的位置，作为权力的标志代代相传。

文字

文字是人类文明的重要组成部分，是人类从蒙昧跨入文明的重要标志之一。目前，中国已发现的可以释读的最早的文字是出土于河南安阳殷墟遗址的甲骨文，这些刻在龟甲上的早期文字，盛行于殷商时代，体系完整，较为成熟。我们知道，任何新生事物的发展总是从零散走向系统、从笨拙走向成熟的，文字也不例外。所以，在成熟的甲骨文之前，必定还有更早的文字雏形没有被人类所认知。

陶寺扁壶朱书"文"字

早在距今约 6000 年到 4500 年前的仰韶时期，陶器上便刻有大量类似于文字的刻画符号，有的学者将这类符号视为比较成熟的音符文字，也有人持不同意见。如果说这些符号还称不上是文字的话，它们也是文字即将到来的信号。

陶寺遗址出土了一件陶质扁壶，扁壶残破不全，没什么特别之处，但是，就是在这件貌不惊人的陶器上面，却发现了迄今为止中国最早的文字。

扁壶上只有两个字符，这两个字符似乎是用红色的毛笔写上去的，留有毛笔书写特有的笔锋，其中一个字符形态酷似甲骨文和金文中的"文"字，但背面另一个红色的字符至今仍无定论。目前存在很多种解释，如"命"、"易"、"尧"、"邑"、"唐"等，争论颇多，但基本上都认为陶寺朱书"文"字比甲骨文早七八百年，但字形已相当一致。当年张政先生见到扁壶的照片、墨线图和原大摹本后，指出："这个字同大汶口文化陶文、殷墟甲骨文和现在通行的汉字属同一个系统。"陶寺遗址年代大体相当于我国传说中的尧、舜、禹时期，这两个字是迄今为止最早的属于汉字系统的文字，已经明显地脱离了刻画符号阶段。

观象台

在陶寺墓地以南，发现了一座大型建筑基址，考古学家推断这是一处古代的观象台基址。基址形状为大半圆形，面积约 1400 平方米，原有三层台阶，现在仅存留了基础。在第三道夯土墙处，筑有一道夯土柱，考古揭露部分共计 11 个，自北向南排列成圆弧状，距圆心半径 10.5 米。夯土柱平面以长方形为多，长度多为 1.3 米左右，宽度多在 1 米左右。11 个夯土柱之间有 10 道缝隙，缝宽 0.2 米，各缝之间缝中线夹角以 7.5 度最多。台基的圆心，经 GDP 定点测量，确定为：北纬 35° 52′ 55.8″，东经 111° 29′ 55.1″，海拔 572 米。其中东 3、东 4、东 6 —东 10 号缝所对应的崇峰（俗称塔儿山）上的山头，其在夹缝中的观测点皆交汇在台基圆心点。东 5 号缝正对崇峰主峰塔尔山。简言之，观象台原理就是：每年的某个特定时节到来时，会在特定的某两个土柱的缝隙中，观察到塔儿山上日出的全过程。

这座古观象台基址是迄今发现的中国史前文化中绝无仅有的一例。这种与高规格的宫殿、宗教和天文历法有关的建筑设施，应当是王都级聚落所具备的标志性建筑。

中国最古老的文献是《尚书》，其中第一篇叫《尧典》，记载："乃命羲和，钦若昊天，历象日月星辰，敬授民时。"意思是说，尧命令羲和，恭敬谨慎地按照上天的旨意行事，根据天象运行制定历法，指导人民依时令、节气从事农业生产。

考古工作者与天文史家对观象台进行了实地观测，证明确实与

观象台（陶寺圆形夯土基址复原图）

节气有关，至少可以确定冬至、夏至日的准确时刻，进一步印证了《尧典》关于不同季节在不同观察点确认时令，通知民众迁移居所，发布播种乃至收割的种种指令的记载的正确性。农业是上古社会的经济命脉，不告诉人民农时，就没有好收成。因此，所谓"敬授民时"也是一个政权的头等大事。确定节令、颁布历法是统治者的权力和职责，它既展现了为农业生产和社会生活服务，还体现出当时王权对于天文历法的控制。陶寺观象台的发现与基本确认，也进一步奠定了陶寺作为"帝尧古都"和"中国"的地位。

长期以来，人们都认为中国最早的都城是河南偃师二里头遗址，中华文明起源于距今 3700 年左右的夏时期，而夏之前的尧、舜、禹时代却从未被考古证实过。山西襄汾陶寺遗址的考古发现，第一次从考古学意义上证明了尧、舜、禹时代可能实际存在，并将文明的起点推进到了距今约 4500 年左右，证实了华夏文明确实有 5000 年的历史。

陶寺遗址作为中国早期国家权力中心的"都城"所在，无论是从历史地望来看，还是从考古学提供的资料来看，均符合"尧都平阳"的条件，"都城"的主人极可能就是"唐尧"。最早的中国在此诞生，中华文明在此迈出了历史性的一步。"五千年文明看山西"的看点就在这里。

巡游晋国之旅

晋国 600 年的伟业，奠定了山西历史文化的基石。晋南是晋国的始封地和中心区域，遗存丰厚。"曲村—天马遗址"为晋国早期都城，"晋侯墓地"震动学界。"侯马晋国遗址"是晋国晚期都城——新田，"铸铜遗址"和"侯马盟书"名扬中外。中部的"晋阳古城"则是晋国末期执掌政柄的赵简子的政治军事基地，后来成为赵国的初期都城，"赵卿大墓"气势恢宏。山西作为晋文化的核心区域，有关的名胜古迹众多，故事传说盛行，自然不乏品牌亮点。

剪桐叶叔虞封唐　铸鸟尊燮父改晋

河汾之东，有过一个方圆百里的古老的国家，是夏商王朝将尧的后裔分封在唐尧故地，名叫唐。到了周初，唐国因参与叛乱被灭掉。成王时，又将这片土地封给了自己的弟弟叔虞，仍称为唐。司马迁在《史记》中记载了一段优美动人的"剪桐封弟"故事：武王死后，年幼的成王继位。一天，成王和弟弟叔虞在一起玩耍，把一片桐叶剪成"圭"状（圭，是古代天子用以封赏诸侯的器物，也是古代贵族朝拜、祭祀、丧葬所用的礼器），交给叔虞，说："我把唐这个地方封给你了！"一旁的史官马上记录下来，并请示成王选良辰吉日册封叔虞。成王对史官说："我和他玩耍呢！"史官严肃地劝告成王："天子无戏言啊！"于是，等到叔虞长大后，成王便把叔虞封到了唐地。虽然"桐叶封弟"之说不能作为信史，但是，它美丽的故事情节却广为流传。

在太原市西南 25 公里处，有一处享誉中外的旅游胜地——晋祠，是祀奉晋国开国君主唐叔虞——也是山西人的老祖宗的祠堂，为全国重点文物保护单位。晋祠北部的唐叔虞祠内供奉着叔虞的塑像，据说，李渊父子在太原起兵时，曾专程到叔虞祠拜祭过叔虞，祈求唐叔虞的庇佑。

事实上，叔虞封唐有着一定的历史缘由。西周建立之初，政治斗争形势严峻，周边民族关系复杂，于是，周朝统治者便采取了一种名为"分封"的战略举措，把自己的血缘亲族分封到各地，以便拱卫西周王室、巩固新生政权。将唐地分封给叔虞，正是基于这样的战略考虑，目的是把唐国建成屏藩周室的军国重镇。

叔虞受封后不辱使命，在唐国大力发展农业生产，谷物丰登，长得肥硕饱满，甚至出现"异亩同穗"的祥瑞之兆。叔虞的儿子燮父继位后，为了喜庆丰收，便将国号"唐"改成了"晋"。因为"晋"字在古代的写法中，就像在一个容器中插满了谷穗，恰好和当时谷物丰登的景象相匹配。关于燮父改晋还有另外一种说法，据说叔虞由于射技超群被分封于唐地，而"晋"字的写法就像在一个皮囊中插了几枝箭一样，为了纪念叔虞的善射，便将国号改名为"晋"。还有学者提出，燮父改晋是因为唐地有一条河名叫晋水，所以改称晋国。不论是哪种说法，山西简称"晋"由此而来。晋国在中国历史上存在了600多年，春秋时期曾一度称霸中原，成为中国历史上对后世影响极大的一个诸侯国。

在晋侯墓地燮父墓中，出土了一件晋侯鸟尊，鸟尊高冠直立，回首凝望，造型奇巧，是燮父为了纪念父亲叔虞而铸。如今，这只"神鸟"已经作为山西古代历史文化的标志，成为山西博物院院徽图案。这件青铜重器也作为镇院之宝陈列于"晋国霸业"展厅最醒目的位置。

晋侯鸟尊

历史迷雾始封地　考古揭秘国初史

在浩瀚的历史海洋中，处处充斥着一个又一个悬而未决的历史谜案。"叔虞封唐"的故事中，一直伴随着一个争论不休的历史话题，那就是：唐地究竟在哪里？根据司马迁《史记》中的记载，"唐在河、汾之东，方百里"，也就是说，唐的范围在黄河、汾河东岸方圆百里之内。但是，"河汾之东"仅仅是一个地理概况，并没有指出唐的具体位置。司马迁的记载为后人留下了一个历史谜团，同时，也引来后人对唐地地望千年不休的争论。

历史上关于唐地在哪里有多种说法，最主要的是"晋阳说"和"翼城说"这两种。"晋阳说"认为唐地

晋侯壶

在今天的太原一带，班固在《汉书·地理志》中记载："唐有晋水，叔虞子燮（父）为晋侯，是燮以晋水改为晋侯。"书中提到的晋水因出于太原悬瓮山下，所以班固认为唐地应该在太原；又因为太原晋祠供奉有叔虞的塑像，所以这种说法似乎更为确凿，在很长时间内一直占据着统治地位。但是，到了明末清初，顾炎武经过实地考察研究，在他的著作《日知录》中否定了唐在晋阳这一说法，并指出唐地应该在今天的翼城一带。从此，"晋阳说"和"翼城说"便争论不休，直到20世纪90年代"晋侯墓地"惊现晋南，才结束了这2000多年的地望之争。

晋侯温鼎

山西省翼城县的天马村和曲沃县的曲村一带是两县的交汇处，这里分布有丰富的晋国早期文化遗存。考古学家邹衡从20世纪50年代就认定晋国早期都城和晋侯墓地在这一带，无数次带领学生搜寻无果。直到老先生退休之后的90年代，他的弟子学生们终于找到了晋侯墓地。在一个叫北赵的小村庄里先后进行了六次大

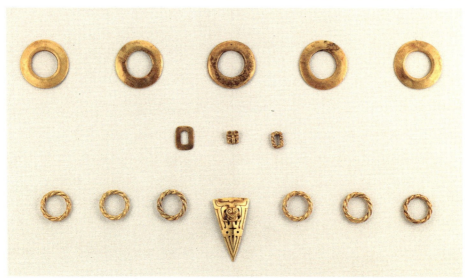

晋侯墓金带饰

规模发掘，清理出西周到春秋时期的 19 座大型墓葬。这些墓葬的随葬品精美、丰富，周围还陪葬有大量代表身份和地位的车马坑，不论从墓葬规格来看，还是从随葬器物来看，都不是寻常百姓能够拥有的。这些墓主人分别是谁呢？

在出土的数十件铸有铭文的青铜器上，共出现了 5 个人名，其中一个叫"稣"的名字与史书中记载的晋国第七代晋侯——晋献侯的名字一致，由此推出，这片墓地应该是晋国王室的公墓，也就是晋国的"皇家陵墓"，19 座墓葬即为晋国早期九位晋侯和他们夫人的墓葬。根据出土的青铜铭文及墓葬的顺序，考古学家推断，这九位晋侯分别是改唐为晋的晋侯燮父、晋武侯、晋成侯、晋厉侯、晋靖侯、晋僖侯、晋献侯、晋穆侯和晋文侯（或殇叔）。

晋侯墓地的出现，证实了曲

玉鹿

鸟盖人足

沃、翼城一带就是文献记载"河、汾之东，方百里"的古唐地，也就是晋国早期都城所在地。争论2000余年之久的晋国始封地问题终于画上了句号。晋侯墓地所发掘的也以其重大学术意义成为20世纪百大考古发现之一。晋侯墓地出土的这一批珍贵文物，在山西博物院"晋国霸业"展厅隆重陈列，建于当地的晋国博物馆已经开馆。在司马迁时代已经扑朔迷离的早期晋国史，由于考古发掘和研究变得越来越清晰。

诸戎环伺启夏政　励精图治扩疆土

古唐地有着较为特殊的人文地理环境。一方面，北方边境一些游牧民族与唐地比邻而居，连连侵扰，严重威胁着周王室屏藩的安全；另一方面，古唐地是夏族部落活动的中心地带，也是夏王朝的政治文化中心，保留着较为浓厚的夏人历史文化传统；再加上唐国原是商王朝的一个重要诸侯国，一些旧势力虎视眈眈，随时伺机反扑。所以，古唐地的治理便显得颇为复杂，也极具挑战

虞侯政壶

荀侯

性。成王将这么一个难以管理的地盘分封给叔虞，必定对叔虞寄予厚望，叔虞及其后代能否不负众望，治理好唐地呢？

史书中记载，自叔虞封唐以来，唐地便谷物丰登，国泰民安，到爕父时，甚至出现所建宫殿超出晋侯应有的等级而遭到周天子责备的事件，可见晋国经济实力的雄厚和富庶。尤其是进入春秋以后，晋国一度称霸中原，国力强盛，达百年之久。人文环境如此复杂的一个弹丸之地，何以能盛极一时？究竟是什么治国良策让晋国走上如此辉煌之路呢？

"启以夏政，疆以戎索"，这就是成王和周公为叔虞规定的治国之策，即，在夏墟之地要遵循夏人的历史文化传统，用夏人的传统之政去启迪引导夏人；同时，对周边杂处的戎狄，要尊重其民族的风俗习惯，依照戎人的习俗和规矩去约束、治理戎人，使当地戎狄民族和唐国能够友好相处。这种"一国两政"政策的实施，使唐国得以出现一种宽松的政治环境，这样，叔虞及其后代才能灵活地治理国家。正是这样一个充满政治远见的施政纲领，为晋国日后的长治久安和百年辉煌奠定了坚实的基础。

在这个"一国两政"治国方针的指导下，晋国国力日益强盛，疆域不断扩大。史书仅记载有晋穆侯时"伐条"、"伐千亩，有功"等少量对外战争，但山西博物院"晋国霸业"展厅陈列的出自周边小国的许多青铜器（其中不少应是灭国的战利品），以及近年来发掘的绛县"倗国"和翼城"霸国"等，皆应为晋国扩展的牺牲品。然而，晋国大规模的兼并战争还在后头——春秋之时。

如夫人玉钺疑云 铭战史编钟传奇

晋侯墓地发现的 19 座墓葬，基本都是一夫一妻并穴而葬，但是，晋穆侯却是由两位夫人相伴而葬，这一组三墓成为晋侯墓地唯一的也是首次发现的一夫二妻并穴而葬的埋葬形式。在清理两位夫人墓葬时，考古学家发现，这两个墓葬有着明显的等级区分。按照西周的礼乐制度，陪葬鼎、簋数量的不同代表不同的等级身份，鼎、簋数量越多，身份越高贵。两位夫人的墓葬中，一个陪葬有 3 鼎 4 簋，一个陪葬有 3 鼎 2 簋，考古学家由此推出，3 鼎 4 簋墓应该为晋穆侯的正夫人之墓，3 鼎 2 簋墓为晋穆侯的次夫人之墓。

但是，随着考古工作的不断深入，一个反常的现象出现在人们

鸟形玉戈

人首神兽纹玉戈

眼前：次夫人墓中的随葬品数量之多、器物之精美远远超过了正夫人，甚至超过了晋穆侯本人。在这座次夫人墓葬中，随葬品多达4000余件，仅玉器就有800多件，数量之多，令人惊叹！这些玉器种类丰富，装饰华美，其中一个大型玉组佩由204件各式玉石组成，长达2米左右，是整个晋侯墓地等级最高的一组玉佩饰。最令人不解的是这座次夫人墓中，竟然出土了10多件象征着尊贵地位的各式玉戈，这样的随葬规模，连晋穆侯都无法比拟。

西周王朝等级森严，如何能让一个次夫人入葬晋国王室的墓

杨壶

晋侯苏钟

地，并享受如此规模的随葬器物？这个次夫人到底是谁？一个个疑问在人们的脑际盘旋。在一对精美的青铜壶上，考古学家发现了一个美丽的名字——杨姞，并推断杨姞应该是杨国的一位姞姓女子，她嫁到了晋国，成为晋穆侯的次夫人；另外一种推断是，姞姓国的女子嫁到了杨国，晋国灭杨国时获得这对刻有杨姞名字的青铜壶，并用于随葬。不论是哪种推断，我们都无法否认，这位次夫人生前一定是集万千宠爱于一身，才能有此殊荣隆重入葬晋国王室的公墓。可惜，杨姞壶上的铭文并没有告诉后人太多关于自己主人的故事，只留给后人无限的遐想。

不过，并不是所有的青铜器铭文都只用只言片语来记录历史，在晋侯墓地，有一套16枚一组的编钟就用355字的篇幅详细地记载了当时的一段战事。据铭文记载，西周厉王三十三年，晋侯苏率领自己的军队受命讨伐东夷，在周厉王的亲自指挥下，战功卓著，多次受到厉王的赏赐，因此铸了这套编钟。这一场战事在史书中并没有记载，因此这套编钟的出现，对补充史书记载的缺憾弥足珍贵，尤其是铭文中出现了晋侯稣的名字，这是唯一一个能与《史记》记载相吻合的晋侯名，考古学家正是由此而推出晋侯墓地9代晋侯的顺序。这一套14件的编钟也有一番历险：当年盗墓贼盗出了12件，偷运出境，在香港古玩市场被视为假货而无人问津，上海博物馆马承源馆长慧眼识宝巨资购回。另外2件，经考古发掘出土，现陈列于山西博物院。一套编钟经历曲折分藏于两大馆，成就了一段考古传奇。

定鼎东周建丰功　权威文侯兴晋国

晋文侯是晋国历史上一位杰出的君主，名仇，因为文侯出生时，正好赶上他的父亲穆侯讨伐条戎、奔戎出兵惨败，恼怒之下，便给文侯起了"仇"这个名字。三年后，穆侯又与戎狄交战，并大获全胜，此时恰逢穆侯的第二个儿子出生，穆侯一高兴便给次子取名成师。晋国大夫师服曾因此而预言：太子名仇，仇为仇恨之意，而次子名成师，有成就一番伟业之意，这样起名，晋国必将发生内乱。

穆侯去世后，晋国果然发生了内乱。穆侯的弟弟殇叔夺取了太子仇的国君之位，仇被迫逃离晋国，四年后才成功夺回国君之位，史称晋文侯。

文侯在位长达35年，在他统治期间，晋国迅速崛起，疆域得

羊舍器物1　玉龙

羊舍器物2　玉龙

羊舍器物3　玉人

到延伸，国力更加强盛，成为北方一个强大的诸侯国。据晋姜鼎上的铭文记载，晋文侯曾与鄐国等一起征伐过淮夷、汤等南方小国，还灭掉了西邻的韩国、焦国和夷国，晋国的疆域已经向西扩展到了今天陕西韩城一带。就在晋国日益壮大的时候，西周王室却陷入动荡不安之中，周幽王荒淫无道，为了博取美人一笑，不惜点起烽火戏弄诸侯，导致诸侯生怨，西周王朝濒临灭亡。公元前771年，昏庸的周幽王最终被申侯联合戎狄杀死，西周都城镐京也被攻破，太子宜臼被立为平王。混乱中，周幽王的另一个儿子携王也自立为王，出现二王并列的局面。面对西周王室如此混乱的政局，晋文侯审时度势，毅然率军西进，与郑武公、秦襄王合力保护周平王东迁洛邑，顺利开创了东周的政局，稳定了东周初年的局势。之后，晋文侯杀死携王，帮助周平王统一了周王室。周平王为了嘉奖晋文侯，特地作了一篇《文侯之命》的文告，赞扬文侯是安邦定国的伟人，勉励文侯能像文王、武王时的贤哲们一样尽心辅佐王室，继承列祖列宗的美德，治理好自己的国家。同时，还赏赐给文侯大批礼器、弓箭、马匹等，这些弓箭、马匹，可以作为权力的象征，代表周天子讨伐那些叛逆的臣子。在晋国历史上获得周王这样封赏的只有唐叔虞、晋文侯和晋文公三个人。从此，晋文侯便拥有了辅佐周王的大权，成为再造周王室的功臣。

从晋文侯开始，晋国逐渐走向强盛，为以后称霸天下奠定了坚实的基础，文侯当政时期也成为晋国历史上的第一次发展高峰期。

有意思的是，早先在发掘北赵晋侯墓地时，有争议地认定了一座积石积炭墓为晋文侯墓，而2006年在滏河对岸的羊舌村又发现一处晋侯墓地，研究者认为其中一座被盗大墓，据其等级和随葬品更可能是晋文侯之墓。一个历史名人，两座墓葬，究竟孰是？既是考古学的无奈，也是考古学的魅力所在，期待会有新材料出现。

羊舌器物4　匜

争权力曲沃代翼　受魅惑骊姬乱国

西周宗法制度中有一种嫡长子继承制，各个诸侯国都严格遵守。所谓嫡长子继承，就是诸侯的爵位和所有的一切都由正妻所生的第一个儿子继承，是大宗，其他的兄弟叫别子或者庶子，是小宗，他们可以接受大宗的分封，拥有各自的封地。西周统治阶级在这种制度的制约下，井然有序。然而，当权利的欲望不断膨胀时，小宗代替大宗的事便时有发生。

晋国历史上第一次小宗取代大宗夺取王位的事件是"曲沃代翼"。晋穆侯给嫡长子文侯取名为仇，而给庶子取名成师，嫡长子和庶子名字内涵截然相反，晋国大夫师服因此而预言晋国将要发生内乱，师服的预言在穆侯死后果真得到了印证。也许，穆侯在给两个儿子取名时根本不会想到，这两个内涵迥异的名字竟然会碰巧和大宗、小宗这两个宗室日后的命运相吻合。

文侯去世后，其子昭侯继位，昭侯把曲沃（今天闻喜一带）封给了他的叔叔成师。成师有极大的政治野心，也有丰富的斗争经验，他苦心经营曲沃，把自己的封地建成了晋国的第二个政治中心，与以翼（今翼城一带）为中心的晋国王室展开了长期的夺权斗争，到曲沃武公时，最终消灭了晋公室，统一了晋国。周天子加封曲沃武公为晋国的新君，史称晋武公。晋国历史上这场小宗夺取大宗王位的内战长达 68 年之久，时日之长、战争之激烈、影响之大在当时绝无仅有。

武公去世，其子继位，即晋献公。献公在位 26 年，晋国得到了极大的发展，成为当时与齐、楚、秦相比肩的四强之一。然而，献公晚年，专宠骊姬，为了讨好骊姬，萌生了废掉太子而立骊姬之子为太子的想法。骊姬是一个工于心计的女子，为了夺取太子之位，她施计将蜂蜜汁涂在发髻上，引来蜜蜂叮咬，仁厚的太子为其驱赶蜜蜂，却被骊姬诬告不轨。献公听信骊姬谗言，逼死太子，并将其他公子一一驱逐，最后，骊姬之子奚齐被顺利地封为太子。奚齐继位后，朝中重臣不满骊姬乱国的行为，发动政变，杀死了奚齐，骊姬看大势已去便自杀身亡。骊姬虽死，但由她引发的政局动荡却一直持续了19年，直到献公的次子重耳回国登上国君之位，骊姬之乱给晋国造成的祸患才最终结束。

这是晋国历史上的第二次内战，这次内战是对晋国嫡长子继承制的彻底粉碎。

贤公子亡命天涯　晋文公称霸中原

晋公子重耳是献公的次子，骊姬之乱时为了躲避国内动乱，率领几个贤臣先后流亡于戎狄部落以及齐、卫、曹、宋、楚、秦等国家，一路上风餐露宿，饥寒交迫，备尝艰辛。在逃往齐国的途中，重耳向一位农夫讨要食物，农夫却从田里捧起一块泥土递给重耳，重耳大怒，此时，跟随重耳的贤士介子推劝阻重耳："得土者得天下，这是老天在期望你安定天下呢，你应该感谢这个农夫才对！"一席话说得重耳恍然大悟。然而连日奔波，再加上没有饮食，重耳已经将近昏睡。介子推目睹这份凄凉，便毅然把自己臀部的肉割了

绵
山

下来，熬成肉汤供奉给重耳。重耳非常感动，流着泪对介子推说："我永远不会忘记你割股奉君的大恩！"并许诺将来继位之后，一定重谢。介子推回答说："我不求你日后报答，只求你关心百姓，做个清明的国君。"

在这些贤臣的拥护下，重耳在外流亡19年后，于公元前636年顺利回到晋国，登上了国君之位，史称晋文公。

文公继位后，对跟随他的有功之臣进行了封赏，唯独忘了介子推。介子推不愿居功邀赏，便携母到了风景秀丽的绵山隐居。文公知道后，立即亲自率领众臣到绵山访求，百般呼唤，却不见介子推出来相见，情急之下，便火烧绵山，希望能逼迫介子推出山。然而大火烧了几天几夜后，他们却发现介子推和母亲已经相拥被烧死在一棵大树下。文公悲痛万分，追悔莫及，下令改绵山为介山，立"介庙"于介山脚下，并将定阳县改名为介休县，以纪念介子推。为了警诫自己不忘旧臣，文公取树上之木做成鞋子穿于脚上，"足下"由此而来，并成为最忠诚、最尊敬的朋友的代称。后人为了纪念介子推，在清明节前禁火三日，以寒食寄托哀思，称为"寒食节"。为缅怀2600多年前这位忧国忧民、功不言禄、义节高亮的先贤，而今开发了一处独具魅力的绵山风景旅游区。

晋文公是中国历史上一位雄才大略的贤明君主。他结束了骊姬之乱引发的长达19年的晋国内乱，并针对时弊实行改革，稳定了政局。此时，恰逢周王室发生内乱，文公帮助周襄王平定了王室内乱，襄王作为回报，把黄河北岸八座城池赏赐给文公。这次勤王，大大提高了晋国的地位，晋国依此建立起出兵中原的前沿阵地，坚定了称霸中原的信心。

这时，南方的楚国崛起，屡屡北进，几乎控制了黄河以南的所有地区。为了夺取中原霸主的地位，公元前 632 年，晋、楚两国在城濮（今山东鄄城一带）展开决战。因文公流亡到楚国时曾受到楚王的礼遇，文公承诺，如果日后两国交战，晋国会退避三舍，以报答楚君。面对楚军的进攻，晋文公信守承诺，后退 90 里，借此避开了楚军的锐气，诱敌深入，以少胜多，大败楚军。

城濮大捷后，文公召集各个诸侯国在践土（今河南荥阳）举行会盟，周襄王册命晋文公为领袖诸侯的"侯伯"，可以用王的名义征讨四方。从此，晋国"取威定霸"，雄踞中原，达 150 余年之久。

迁新田盛极一时　弱公室坐大六卿

新田是晋国晚期的都城，在今天的侯马市。公元前 585 年，晋景公把都城从天马、曲村一带迁到了这里，从此，新田伴随着晋国走过了 200 余年的历程，见证了晋国霸业的辉煌，也目睹了晋国霸业的衰落。

称霸后的晋国经历了 11 位国君的更替，持续了 150 余年。期间，晋国霸业既遭遇了战争的考验，也取得了复兴的辉煌。

晋国的强大成为秦国东进的障碍，秦晋之好转变成了连年的征战；战败的楚国复兴之后北上与晋国重新争夺霸权；衰落的齐国也不甘心屈服于晋国的发号施令……中原大地上战火四起。悼公执政后，发挥其卓越的政治才能，借鉴几代国君的统治经验，整顿内政，实施改革，调整对外政策，对强国牵制、威胁，对小国以礼相待，得到很多诸侯国的支持，最终成为中原强势力量的主宰，晋国霸业得以复兴。

公元前482年，吴国北上与晋国争霸，两国会盟于黄池（今河南封丘南），吴国最终取得盟主地位。黄池会盟标志着晋国霸业的结束，之后，争霸的战火在中原大地基本熄灭。

蟠龙纹方壶

晋国150余年的辉煌霸业，有100多年是在新田。今天，我们早已无法亲眼看见这片土地的盛况。但是，1952年侯马新田遗址的发现，却给了我们一个全面认识新田的机会。从侯马新田遗址的遗迹、遗物中，我们对这处晋国晚期都城的蓬勃、强盛欷歔不已。

侯马新田遗址面积约40平方公里，发现有"品"字形古城遗址、墓葬、祭祀坑、手工业作坊等大量遗迹。其中，震惊中外的侯马铸铜遗址就集中在宫城外，面积达5万平方米，出土的铸铜陶范数以万计，工艺精湛，几乎涵盖了东周时期晋国青铜器的全部。这是迄今发现的世界上最大的铸铜遗址。晋国新田的强盛，由此可见一斑。

蟠蛇纹镂空鼎

　　晋景公把都城从天马、曲村迁到新田，主要是为了摆脱异姓卿族对王室政权的垄断。晋国在经过"曲沃代翼"的长期内战后，小宗取代了大宗，到晋献公时，为了巩固小宗的势力，采取了大灭公族的行动，诛灭了公室贵族并"尽杀诸公子"，开始启用大批异姓贵族来担任要职，异姓贵族借此纷纷崛起。然而，景公迁都最终没有改变异姓卿族蓬勃发展并逐步掌握国家政权的命运，自平公以来，晋国逐渐形成了赵、韩、魏、智、范、中行氏等六卿联合专政的局面，造成"六卿强，公室卑"。

　　为了进一步削弱晋公室，公元前513年，六卿中的正卿赵简子把旨在保护新兴封建阶级利益和限制奴隶主贵族特权的《范宣子刑

饕餮纹模及摹本

书》条文铸在铁鼎上，公布于民众。从此，六卿在同晋公室斗争中取得的胜利成果，被用法律的形式肯定下来，之后，六卿之间展开了长期的角逐。

赵简子盟会诸侯　董安于营建晋阳

　　晋阳古城，在今天太原市晋源区，是晋国六卿中赵氏家族的根据地。它创建于公元前497年，曾经几度辉煌，在战乱硝烟中被火烧水灌，最后，于公元979年被毁弃，成为一片废墟。如今，这片中国的"庞贝古城"，作为全国重点文物保护单位，已经成为全国100个大遗址展示项目之一。晋阳古城遗址可分为城区、墓葬区和寺

赵卿墓镬鼎

观区三个部分，面积达 25 平方公里。遗址保护和考古发掘已经展开。

晋阳古城是为了适应晋国六卿之间兼并战争的需要而营建的，其所在的太原盆地土地肥沃，人口集中，经济发达，是理想的城建之所。赵简子将晋阳锁定为发展赵氏势力的可靠保障，先后派出自己的心腹谋臣董安于和尹铎作为晋阳宰，对晋阳进行了苦心孤诣的经营，使晋阳成为赵氏势力盘踞的坚固堡垒。董安于任晋阳宰时，修建的城池周长 4 里，墙基厚丈余，高 4 丈，建筑的柱子均为铜铸，极其坚固。赵简子生前一再告诫他的儿子赵襄子：如果赵氏以后有难，一定不要因为晋阳路途遥远而弃之，一定要退而固守晋阳根据地。赵氏家族正是以自己苦心经营的晋阳城为根据地，和韩、魏三分了晋国公室，成为战国七雄之一。晋阳无论在政治或军事战略上，都在我国古代史上占有重要的地位。

赵卿鸟尊

　　六卿中的赵氏本来姓嬴，因周穆王将赵城（今洪洞县）封分给作战有功的嬴造父，于是才改姓赵。西周末年，造父后裔到晋国侍奉晋文侯，成为晋国赵氏宗族的创始人。晋文公流亡期间，赵衰曾跟随左右，忠心耿耿，所以，文公执政后对赵家非常宠幸，赵氏家族一度掌握重权。景公时，赵氏不幸遭到诛九族之祸，面临灭门绝后之难，赵氏门客程婴忍痛用自己的儿子调换了赵氏遗腹子，保住了赵氏血脉，公孙杵臼则代程婴顶替了救孤藏孤的罪名，和程婴的儿子一同被杀。程婴携赵氏孤儿赵武藏于今天盂县的藏山，赵氏宗族得以延续，赵武长大成人后，恢复了赵氏宗位。这段历史故事在宋元之际被改编成剧本《赵氏孤儿》，从此广为流传。正是有了程婴、公孙杵臼的舍身相救，赵氏才得以幸存，才有了之后雄霸晋国政坛的赵简子。

　　赵简子是晋国的正卿，执掌晋国之政半个多世纪。晋定公十二年，赵简子命邯郸大夫赵午将他征伐卫国时卫国进贡晋国的 500 名奴隶由邯郸迁往晋阳，赵午答应，但很快又反悔，被赵简子捕到晋阳杀害。赵午之子赵稷伙同中行氏和范氏发兵围攻赵简子，由此引发了六卿之间的大兼并。韩、魏、智与赵联合，组成了以赵氏为首的联盟阵线。为了壮大实力，巩固联盟阵线，共同对付敌人，赵简子多次召集韩、魏、智及赵氏宗族进行盟誓，以聚拢人心。参盟者必须向神明起誓，以自己身家性命为担保，对赵简子表示忠心；若有违反盟誓者，就要全族诛灭。晋国晚期都城新田遗址出土的侯马盟书，便是当年盟誓活动的文字记载。通过盟誓，赵简子不但巩固

侯马盟书

赵卿墓马坑   赵卿墓车坑

了宗主地位，而且团结了赵氏族人和韩、魏、智氏卿族，并争取了邯郸赵氏族人和范、中行的族人和家臣，分化瓦解了敌方营垒，最终促成了一个和谐有序的赵氏集团的新生，使赵氏在对范、中行氏及后来的智氏的反复较量中，始终立于不败之地。

太原市金胜村附近发现的赵卿大墓，据考证墓主人就是晋国政坛上的风云人物——赵简子。赵卿墓随葬器物3421件，其中青铜器达1402件，墓葬规格和随葬品等级均享用了诸侯之礼，可见其地位的显赫。这是迄今为止发现的等级最高、规模最大、随葬品最丰富、资料最完整的晋国高级贵族墓葬。这批珍宝陈列于山西博物院"晋国霸业"展厅，也是八方游客来太原必看的内容。

铸铜陶范彰华彩　盟誓朱书显血腥

在晋国晚期都城——侯马新田遗址中，考古学家发现了一处规模庞大的铸铜遗址，面积达 5 万平方米，出土有数以万计的陶范。这是迄今发现的世界上最大的铸铜遗址，是一座当时中国最大的国营"青铜铸造厂"。

陶范，是用来浇铸青铜器皿的模具，分为模和范两种，均用泥土制成。"模"为母范，是用来翻制"范"的，与准备铸造的青铜器形状和花纹相同。"范"是用来浇铸青铜器皿的模具，因此，与待铸器物的花纹相反。经过焙烧的模和范，统称为"陶范"。将配制好的青铜溶液浇铸进合好的范体中，待液体冷却后，去掉范和芯，一件青铜器就铸成了。

人形内外范

辅首外范

铸铜遗址现已发掘的面积 7000 多平方米，有居住用的房子，生产用的厂房，存放材料和成品的窖坑，冶炼、烘烤用的炉窑，还有与冶炼、制范、铸造有关的大量生产工具和生活用品，以及大量建筑材料。其中，陶范是铸铜遗址中最丰富的遗物，目前发现的总数达 5 万余件。

侯马铸铜遗址出土的陶范所展现出来的器型和纹饰种类几乎涵盖了东周时期晋国青铜器的全部，表现出高超的技术水平。在能辨认的 1000 多件陶范中，表现为浮雕、浅雕、线刻等形式的动物、植物以及几何纹饰就有 25 种，精美程度令人惊叹。其时，已经广泛采用分铸技术和焊接技术，生产一些造型结构甚为复杂的大型器物和铸件。同时，普遍采用印模技术，一模多用，大大地提高了生产效率，产品越来越规格化。此外，镶嵌、错金银等各种新工艺也运用成熟，使晋国青铜艺术从简单走向复杂和多样。

侯马铸铜遗址生产规模庞大，工艺水平和艺术风格有强烈的晋式风采，在中国青铜文化中占有重要的地位，对春秋战国时期各个诸侯国的影响极大。

同时应该特别强调的是，全世界各大古文明中的青铜时代，都没有发现青铜铸造的遗址，其铸造工艺的复原更是无从谈起。侯马铸铜遗址的发现，也是全人类的古代"工业"文明的宝贵财富。

侯马新田遗址不仅铸铜遗址令人惊叹，盟誓遗址的发现也震惊海内外，出土 5000 余片"盟书"，是记录那段血腥历史的原始档案资料。

春秋晚期，王公贵族为了寻求内部团结、打击敌对势力，经常举行宣誓之类的会盟活动，称为"盟誓"，记载活动情况和盟誓内容的文书称为"盟书"。 侯马盟书是用红色的笔写在圭形的玉石片上。根据内容分为宗盟类、纳室类、委质类、诅咒类、卜筮类及其他类，共 6 类 12 种。在出土的 5000 多件盟书中，可以辨识的有 656 件，记载了当时赵、韩、魏、智四家以赵氏家族为首举行盟誓活动，联合灭掉范、中行两个家族的过程，主盟人是执掌晋国国政的正卿赵简子。

盟书一般一式两份，一份由主盟人藏于盟府，一份埋入地下。在举行掩埋仪式时，先割下牺牲的左耳，用盘子盛起，然后取血，参加盟誓的人按照地位级别的不同依次饮尽牲血，称为"歃血"，意思是让天地神明监督，最后将牺牲和盟书埋入坑内。在侯马盟誓遗址中共发现祭祀坑 400 多个，其中有 40 多个坑内埋有盟书。

1995 年，"侯马盟书"被评为新中国成立以来十大考古发现之一，为我们研究春秋末期的政治经济和社会生活提供了弥足珍贵的实物史料。

智伯瑶水淹晋阳　赵韩魏三家分晋

活跃在晋国政坛上的六卿，为了和晋公室争夺土地并互相兼并，竞相在自己的领地实行改革。赵氏改革最为彻底，故而实力最强，韩、魏、智氏次之，范和中行最弱。因此，在六卿角逐的舞台上，范、中行最先被灭亡，形成四卿并列的局面。

赵氏赵简子曾作为晋国正卿执掌晋国国政近半个世纪，简子死后，智氏瑶被立为晋国正卿，开始野心勃勃地向外拓展地盘。期间，他曾以"大钟计"攻灭了位于今山西盂县的仇由国，显示了卓越的军事才能。仇由是春秋末期的一个小国，地僻道狭，没有通车之路，所以在大国争霸中得以生存。智伯想攻灭仇由，苦于没有通车之道，于是筑了一口大钟送给仇由君，这口大钟必须两车并行才能运送。仇由君为接回这口大钟，发动国人斩高岸、填低谷，拓出了一条又宽又平的大道。等到仇由人将大钟运回，智伯率大军随后赶到，一举攻灭了仇由。

智瑶执掌晋国国政权倾一时，成为四卿中实力最强者，然而，他贪婪骄横、刚愎暴戾，最终被韩、赵、魏三家联合灭掉。

智瑶依仗自己强大的实力，向韩、魏、赵索要土地，韩、魏被迫答应，而赵襄子断然拒绝。智瑶大怒，联合韩、魏进攻赵氏，赵

韩赵魏略图

比例尺 1:3 700 000

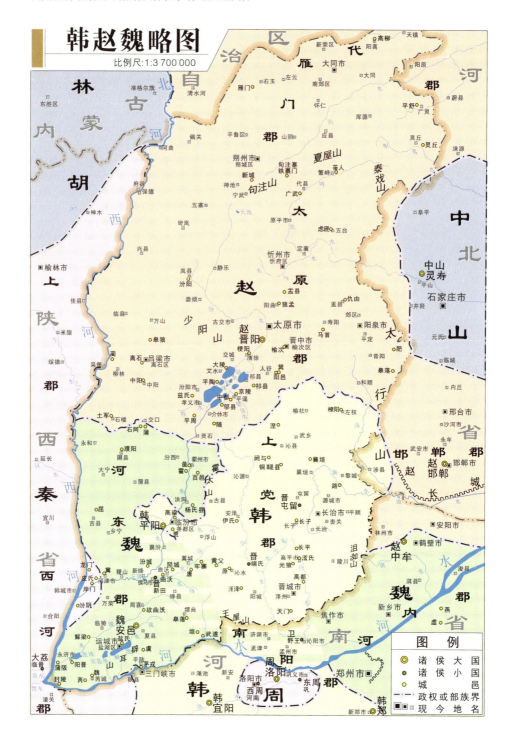

图 例
◎ 诸 侯 大 国
◦ 诸 侯 小 国
◦ 城 邑
—·— 政权或部族界
■□ 现 今 地 名

襄子被迫退守晋阳，智瑶久攻晋阳不下，便从晋祠悬瓮山下开渠（今智伯渠），引晋水（一说汾水或汾、晋二水）灌晋阳，晋阳虽被淹没，但"城不浸者三版"，就是说，水淹城墙只留下上面的三版了，城墙也不倒塌，可见晋阳城的坚固。智伯攻打晋阳三年也没攻破，但也使得"城中巢居而处，悬釜而饮，财食将尽，士卒病羸"。为了摆脱困境，赵襄子派谋士张孟谈潜行出城，与韩、魏密谈，劝说对方联合灭智。韩、魏考虑到智瑶骄横无理、不得人心，又恐智瑶灭赵以后对己不利，便与赵氏里应外合，先是破堤引汾水反灌智军，造成智军大乱，进而大败智瑶之师，杀掉智瑶，消灭了智氏卿族，瓜分了智氏的领地，从此，四卿并列的局面由三卿取而代之。公元前403年，周威烈王赐韩、赵、魏三卿为诸侯，中国进入战国时期。

智瑶生前有一个特别尊宠、信任的家臣，名叫豫让，豫让在智瑶死后，仰天长叹："'士为知己者死'。智伯知我、信我，我一定要给他报仇雪恨。"豫让几次行刺赵襄子都没有得手，于是便吞食火炭以改变声音，浑身涂满毒素以改变形体，匿伏在赵襄子外出时必经的一个桥下，待机行刺，最终却被赵襄子认出并抓获。襄子赞赏豫让的忠心，把自己的衣服脱下来递给豫让，让豫让拔剑而刺，以满足他的报仇心愿，最后，豫让自刎而死。今天在太原市赤桥村西侧，仍然残留着千百年来人们祭祀豫让的祠堂——豫让祠，而赤桥村还保留有当年豫让藏身的赤桥，又名豫让桥。时至今日仍有一首古诗流传在当地："卧波虹影欲惊鸥，此地曾闻手椹愁。山雨往来时涨涸，岸花开落自春秋。智家鼎已三分裂，志士恩凭一剑酬。返照石栏如有字，二心臣子莫径由。"

迁都邯郸拓中原　胡服骑射定北边

战国初期，韩、赵、魏三分晋国以后，赵国成为三国中实力最强的一个国家，其版图从今天陕西省的东北部，过黄河由山西省的中部向东北部和东南部延伸，兼有河北省的东南部及山东省西边一角和河南省的北段。全境东北边和东胡、燕国相接，东面和中山国、齐国连接，南面和卫、魏、韩交错相连，北面和林胡、楼烦交界，西和魏国、韩国交错连接。其国都原在晋阳（今山西太原西南），公元前 423 年迁至中牟（今河南鹤壁），公元前 386 年迁至邯郸（今河北邯郸）。

赵国几次迁都，是为了获得更好的发展，有更强大的实力加入战国时期各个诸侯国之间的兼并战争，以便逐鹿中原。所以，选择一个拥有一定经济基础和优越地理位置的城市作为都城便成为历史的必然，邯郸最终担负起了这一历史重任。邯郸位于太行山东麓，华北平原西部，土地肥沃，水源充足，是传统的重要农业产区，具备作为赵国政治中心的物质基础，而且，邯郸是赵国东部地区的重要手工业和商业城市，具有较强的经济实力。第三，邯郸背靠太行山，南临漳河水，交通发达，位置重要，且靠近中原，是赵国积极进取中原、争衡天下的理想出发地和后勤供应地，具有重要的军事意义和战略地位。因此，邯郸作为赵国最终的都城，历经八代王侯，延续了 158 年。

赵国是一个北为游牧文明、南为农耕文明的国家，游牧文化重于农耕文化。胡人的游牧生活和军事训练一体化，机动性和冲击力都很强，在与中原农耕文明国家的作战中，经常能够取胜。为了适应同周边国家的军事竞争，改变两种文化和政治势力造成赵国南北分裂的局面，赵武灵王在位期间（前325—前299），在全国范围内推行"胡服骑射"政策，即"着胡服"、"习骑射"，取胡人之长补中原之短，创建了中国第一支骑兵，对赵国的政治、军事、经济、文化领域进行了一次大型改革，赵国的军事实力大增。赵武灵王趁中原各国角逐、纠缠之际，把战略目标放在了北方游牧民族的身上，不但打败了经常侵扰赵国的中山国，而且夺取林胡、楼烦之地，向北方开辟了上千里的疆域，并设置云中、雁门、代郡行政区，管辖范围达到今河套地区，成为北方草原的霸主。

赵武灵王墓

　　赵武灵王在全国推广"胡服骑射"后，本来在赵国就占有主要地位的胡人文化正式得到了国家的肯定、扶持，胡人的生产方式和生活方式的地位得到了很大的提高，胡人歌舞、胡人医药、胡人服饰、胡人语言在赵国得到了更大范围的普及。经过赵武灵王对赵国国家结构的整体改造、对赵国国家性格的重新塑造，赵国一跃成为当时的超级强国，与秦国共同成为战国后期争霸中原的主角。

　　赵武灵王是一位杰出的政治家、军事改革家。他所推行的"胡服骑射"政策，对于当时赵国乃至以后中国社会的发展都产生了积极的影响。

晋祠（唐叔虞祠）

晋才秦用兴法家　纸上谈兵哀长平

唐叔虞"启以夏政，疆以戎索"施政纲领的确立，不但对叔虞在位时的唐国社会发展具有重大的现实意义，而且对叔虞之后的晋国乃至三家分晋之后的韩、赵、魏三国都产生了深远的历史影响。这个纲领对于"周礼"的背离色彩，直接导致了晋国历史上强烈的反宗法制传统，由此不断掀起蓬勃的法制思潮，使晋国、三晋社会成为中国古代法制文化的摇篮。

法家是主张法治、反对礼制的学派。战国时期，韩、赵、魏三国都崇尚法治，涌现出大量法家思想的代表人物，三晋大地成为中国法家的摇篮。

魏文侯：战国时魏国的第一任国君，著名的政治家、改革家，任用李悝、吴起等一批政治、军事人才，变法革新，使魏国成为变法运动最早的发起者和最早称雄的强国。

李悝：战国初期魏国人，著名的思想家、政治改革家。主张法治，辅助魏文侯推行变法，被奉为战国时期法家的鼻祖。传世有《法经》一书，是中国古代第一部比较完整的法典。

西门豹：战国时期魏国人，著名的政治家。他担任邺令时，废除了当地"河伯娶亲"的陋俗，兴建水利，开凿支渠，使邺地农业生产得到极大的发展。

吴起：战国时期卫国人，著名的军事家。他在魏国为将期间，率魏军先后与各诸侯国交战 76 次，64 次大获全胜，12 次胜负未分，战无败绩。著有《吴子》兵法 48 篇，与孙武、孙膑并称"孙吴"。

申不害：战国时期郑国人，著名的思想家，是"重术"的法家代表人物。辅助韩昭侯推行法治和改革，使韩国达到了国治兵强。

荀况：战国时期赵国人，著名的思想家、教育家，法家的代表人物。他批判和总结了先秦诸子的学术思想，对古代唯物主义有所发展，主张以法制巩固政权。

韩非：战国时期韩国人，著名的哲学家、法家思想的集大成者，与秦国宰相李斯同是荀子的学生。他强调加强中央集权，对后世影响很大。

张仪：战国时期魏国人，与苏秦同师鬼谷子，被秦国重用，采用连横之策，帮助秦国完成了统一大业。

在秦统一六国的历程中，赵国一直是它势均力敌的对手。赵国的廉颇、蔺相如一武一文使秦国迟迟不敢东进。蔺相如是赵国的名卿，曾舌战秦王，将赵国借予秦国的和氏璧"完璧归赵"，震慑秦君，受到赵王的重视，却遭到赵国大将军廉颇的嫉妒。蔺相如低调忍让，终于感动了廉颇，廉颇背负荆条，袒露臂膀，到蔺相如门前请罪，两位朝中重臣最终和好，将相和睦，共同辅助赵王，成为美谈。

公元前 260 年，秦国与赵国在长平（今山西高平市西北）大战，赵国大将廉颇利用有利地形严防死守，击退了秦军的一次次进攻。秦军进退两难之际，利用反间计，使赵孝成王用只会纸上谈兵的赵括替换了廉颇，最终导致了长平之战赵国的惨败。秦将白起将数十万赵军俘虏全部坑杀。赵国军事力量损失殆尽。

长平战败后，赵国再也无力阻挡秦军的进攻，30 多年后于公元前 222 年，被秦国灭掉。次年，秦统一了中国。

寻根大槐树之旅

山西根祖文化最著名的形象标志是洪洞大槐树，它是五湖四海万家百姓梦中家乡的记忆，也是天涯海角炎黄子孙故国河山的象征。大槐树之外，还有历代祭祀皇天后土以及炎、黄、尧、舜、禹的祠庙与文化遗迹，值得一看。更有太原王氏的宗祠、河东三族的祖居、高门望族后裔，所以寻根拜祖之旅，络绎不绝于途。

后土祠溯源

汾阴后土祠，位于山西省万荣县西南 40 千米处黄河岸边的庙前村北，是古代帝王祭祀后土——土地之神地皇——华夏始祖女娲氏的处所。1996 年，国务院确定万荣后土祠为全国重点文物保护单位。

后土祠的原址在汾阴上。所谓汾阴上是一条背汾带河的长形高地，长四五里，宽二里多，高十余丈。汉文帝十六年（前 164），遣官在汾阴县黄河岸边建后土庙。汉武帝元鼎四年（前 113），"立后土祠于汾阴上"，亲率群臣祭祀后土，"如上帝礼"。应当说，汾阴祭后土的历史已相当久远，相传"轩辕氏（黄帝）祀地，扫地为坛于上"。因此，汉代建立后土祠并非首创。从"扫地坛"到"后土祠"，其间肯定有传承依据，只是年深日久，湮没于历史长河之

晋南神话传说遗迹

比例尺:1:2 900 000

图 例

▲ 名　　山

人 神话传说遗迹

中罢了。

从汉武帝至宋真宗，先后有历代皇帝 24 人次在万荣汾阴祭祀后土。汉武帝刘彻在此留下了脍炙人口的千古绝赋《秋风辞》；宋真宗赵恒在此留下了御书"汾阴二圣配飨之铭"碑。还有不少朝代，皇帝指派重臣特使专程祭奠。到了明清之时，皇帝祭祀后土的仪式才移至北京。

明代隆庆年间（1567—1572），黄河干流东摆，汾阴被河道侵蚀，后土祠受到威胁。到明万历末年（约 1620），后土祠往东移建。清顺治十二年（1655），黄河大水，祠内建筑大部被冲毁，仅余秋风楼和门殿。康熙元年（1662），黄河又大水，秋风楼也被淹没。次年，后土祠移地重建于今庙前村北。同治六年（1867），后土祠再次被黄河冲毁。同治九年（1870），后土祠再次移建于庙前村北的高崖上现址。

宋代汾阴后土祠，庄严弘钜，规模比北京故宫还要大，为海内祠庙之冠。现存后土祠虽已大为逊色，但仍不失为一处庞大而辉煌的古代祠庙建筑群。祠内的正殿、献殿，建筑精巧。秋风楼因藏有汉武帝《秋风辞》碑刻而得名，高 32.6 米。楼分三层，四周回廊，结构古朴精美，形制巍峨劲秀，为古建筑中罕见珍品。祠内真宗亲自撰书的《汾阴二圣配飨之铭》碑，是中国古代名碑之一。

中国自古最重祭祀，其中又以祭祀"皇天"和"后土"最为要紧，以至于成为国家祀典，专设天坛与地坛举行祭礼。汾阴后土祠祭坛的"后土"——既是人们赖以存在的大地之神，又是民族人种追根溯源的华夏之母。后土与后土祠在国家民族和历史文化意义上，可供发掘与阐扬的空间和前景无比巨大。

近年来，后土祠景区初步建成，当地政府持续举办大型文化活动。社会各界人士以及港、澳、台胞和海外华侨慕名而来，络绎不绝，祭祀后土，寻根祭祖。祈祷后土圣母，庇佑所辖九州，五谷丰登，国泰民安；保佑全家健康平安，万事如意。尤其在后土圣母诞辰之日（农历三月十八）和十月初五庙会期间，八方来宾，商旅游客，摩肩接踵，热闹非凡。

炎帝陵访古

炎帝陵位于高平市东北 17 千米处的庄里村。沟壑纵横，丘陵起伏，青山映翠，山川秀丽，风景优美。西望羊头山，巍然挺拔；南眺丹河谷，云蒸霞蔚。小东仓河在脚下涓涓流淌，我们华夏民族的始祖炎帝就长眠于此。

高平羊头山自古是泽州、潞州两郡的分界地。相传上古时期，炎帝神农为人类寻找食源，亲尝百草，甄选五谷，不幸在羊头山下尝百足虫中毒，逝世于此。现尚存神农城、神农泉、五谷畦、神农庙等遗址遗迹。有关炎帝神农氏的民间传说更是丰富多彩，几乎每一处地名都有一个典故，记载着一个历史传说。除庄里炎帝陵是专门祭祀炎帝外，本地还有故关的炎帝行宫、下台的炎帝中庙、东关的炎帝下庙、邢村的炎帝庙、永录的炎帝庙等，至少有 50 余处。

庄里村炎帝陵，俗称"皇坟"。陵后有庙，今谓之五谷庙。炎帝陵墓和五谷庙创建年代不详，但最迟在宋代已有之。明代大科学家朱载在《羊头山新记》一文中写道："山之东南曰故关村，村之东二里曰换马镇，镇东南一里许有古冢，垣址东西广六十步，南北衰百步，松柏茂密，相传为炎帝陵，有石栏石柱存焉，盖金元物也。"庙院内有一柏树根，周长6米，树龄远在千年之上。该庙坐北面南，建筑规模宏大，现仅存正殿五间，东西厢房十余间。原来庙院总共有四五十通碑。明成化十一年（1475）《重修炎帝行宫》碑记载："神农炎帝行宫盘基在故关里村前，肇基太古，无文考验，祠在换马村东南，见存坟冢，木栏绕护，然祠与宫相去凡七百余步矣。"在东厢房的后墙上，有"炎帝陵"石碑一通，是明万历三十九年（1611）申道统所立。"炎帝陵"石碑的后面有一个甬道（现已封住），可通墓穴，墓内有盏万年灯，常年不熄。

五谷庙正殿为元代所建，明时曾进行过较大维修。屋顶正中脊刹上，正面刻有"炎帝神农殿"、背面刻有"大明嘉靖六年"的题记。殿内神台刻有龙、麒麟、鹿、花卉等精美浮雕图案，为宋金遗物。神台上炎帝及夫人后妃像，现已不存。

每年的四月初八，是炎黄子孙传统的祭祖节。历朝历代，岁时致祭，陵区禁止樵采。近代县府亦屡派员到庄里炎帝陵祭祀，并为万年灯添油。每到祭祖节，周围的村子，如故关、北营、换马、庄里、口则等要举行盛大的庙会，会期将近一个月。有句民谣"走扬州，下汉口，不如五谷庙里当社首"，就是形容当时庙会的盛况，也表明这个活动商机巨大。

近年，高平市与神农镇政府加大开发力度，弘扬炎帝文化，邀请来自全国各地的专家学者，共同探讨中华文明与炎帝文化的起源；

还建成神农祭祀广场，每年举办炎帝文化节和祭祀大典，影响日增。

尧都祭国祖

临汾自古称"尧都"。尧庙位于临汾城南3千米，祀古帝唐尧。尧庙始建年代不详。历代文献和碑刻记载，1700多年前的晋代，在河西平阳古城已建有尧庙。晋元康年间（291-299），尧庙从汾河西移到汾河东帝尧故里伊村，唐显庆三年（658）移今址。北魏太和十六年（492）朝廷在此首次国祭帝尧。元世祖忽必烈中统四年（1263）颁旨敕修尧庙。至元五年（1268）落成。用地750亩，建房400间，"耽耽翼翼，俨然帝王之居"，诏赐其宫曰"光宅之宫"，殿曰"文思之殿"，门曰"宾穆之门"。大德七年（1303）

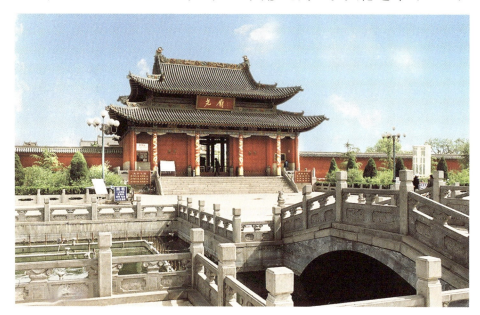

尧庙

尧陵

地震，尧宫圮毁，泰定元年（1324）修复。明正统十年（1445），地震再毁尧庙，朝廷资助扩建尧殿，殿面阔九间，高六丈有余，殿四旁环以廊庑，奠定广运殿规制。有明一代，多次增葺，奠定宏大规模。明末清初百余年间称尧、舜、禹庙为"三圣庙"。

清康熙三十四年（1695），平阳大地震，尧庙俱毁。及康熙西巡，驻跸平阳，拨国库银重修尧庙，工程浩大，历时6年，1709年竣工。康熙亲书各殿匾额，尧殿曰"光被四表"，舜殿题"浚哲文明"，禹殿书"万世永赖"。自此，四宫并峙，巍峨壮观。咸丰三年（1853）秋，平阳知府何维墀为阻止太平天国北伐军北进，实行坚壁清野，派兵火焚城南驿站，殃及尧庙，"仅存光天阁、舜寝宫数椽而已"。光绪十九年（1893）修复竣工，重建尧、舜、禹、万寿宫四大殿，

"均属金碧辉煌，焕然一新"。此外，临汾郊区还有位于郭行乡北郊村的古帝尧陵和尧陵祠。

民国末舜殿、禹殿、娥皇女英祠及廊房 400 多间被拆毁，民怨沸腾。中华人民共和国成立以后，尧庙文物古迹受到人民政府的保护和维修，1965 年，山西省人民政府将尧庙列为省级重点文物保护单位。近年新规划的尧庙景区更加气势恢宏，塑造了许多天下第一。

中国人自古以来有崇拜祖先的美德，尧、舜、禹是中华民族共同的伟大祖先。尧庙祭祖堂供奉着尧、舜、禹君臣后裔姓氏牌位，纪念壁镌刻 1566 个姓氏，基本涵盖了中国姓氏。每年农历四月二十八的祭尧仪式，康熙帝巡幸尧庙时定为皇会，庙会之盛为华北之冠。近年临汾市连续举办每年的正月和阳历 5 月、10 月尧庙旅游月大型活动，尧庙根祖文化旅游已成为一大旅游品牌，届时来自全球的华夏子孙寻根祭拜，游人云集。

舜陵思古情

从运城市区北行 15 千米，在蜿蜒百里的鸣条岗西端，地理环境形胜壮美，坐落着全国闻名的舜帝陵庙。明代文人相宗皋写道："观庙之形胜，北枕孤峰，涑水之波涛绕于后；南对条山，磋海之盐花献于前。右缠黄河玉带，妫汭厘降之风犹存；左拱香山瑶台，历山耕稼之迹如故。" 这里用了两个典故："历山耕稼"是说作为当时国族领袖的虞舜，在历山这一带和百姓一起耕种庄稼；"妫油厘降"是说在妫、油二水之间的居地，尧将两个女儿嫁给了舜，意味着舜将是尧的接班人。

舜，姓姚，名重华，是传说中我国氏族社会后期部落联盟领袖。舜以孝悌而闻名天下，后经四岳推举，尧命其摄政。尧又将其女娥皇和女英婚配与舜。舜举贤除恶，使天下大治。尧死舜继，励精图治，民众安居乐业，万民拥戴。传说舜帝到南方巡狩，不幸驾崩九嶷山，后归葬于鸣条岗。

舜帝陵庙始建于唐开元二十六年（738），毁于元末战火中。明正德初（1506）重建。明嘉靖三十四年（1555）大地震又毁。明万历三十一年（1603），安邑县令吴愈再次重建。在清嘉庆二十年（1815）的大地震中又为瓦砾，仅存正殿。次年，在乡人王步洲等

运城盐湖区舜陵

倡导下，重建舜陵庙。舜陵占地近 100 亩，神道两旁夫妻柏夹道耸立。陵高 3 米，周围 51 米。陵前有"有虞帝舜陵"石碑，陵冢上槐柏交翠，郁郁葱葱。舜帝陵为省级重点文物保护单位。北行入舜庙，又名离乐城。以戏楼、卷棚、献殿、正殿、寝宫为中轴线，两侧配以廊房及钟、鼓二楼，构造布局严谨，左右对称。主殿祀舜帝坐像，头戴冕旒，身着衮服，神态庄严，栩栩如生。

虞舜的活动和传说发生在山西南部，见诸文献，确凿无疑。舜都蒲坂也是公认的史实。但是山西当地对舜帝文化的研发还不尽如人意。就得天独厚的历史文化底蕴而言，舜帝陵的名分之争并不重要，重要的是我们能否依托丰厚的历史文化资源，认真地去研究和开发，使之发扬光大。从这个角度客观分析，山西舜帝文化的研发前景光明而任重道远。

大槐树寻根

"问我祖先在何处？山西洪洞大槐树。祖先故居叫什么？大槐树下老鹳窝。"数百年来，这首民谣在大江南北吟唱，祖辈相传，妇孺皆知。600 年来，这棵大槐树被赋予了神圣属性，成为"家"、"祖"、"根"的象征。海内外的移民后裔纷纷回山西洪洞寻根祭祖，形成了独具特色的"根祖文化"，具有极强的宗亲的凝聚力和精神感召力，是民间祭祖的典型代表。大槐树明代移民遗址，在洪洞县城西北 2 公里的贾村西侧。元末明初，战乱频仍，江淮河济，十室九空，而表里山河的山西，却相对安定，经济繁荣，人丁兴旺。

再加难民流入，山西成了人口稠密地区。明洪武十四年（1381），河南人口为189.1万，河北人口为189.3万，而山西却达403.4万人，比冀、豫两省人口的总和还要多。

明朝为重建社会经济，从洪武初年（1368）至永乐十五年（1417）50余年间，总共组织实施了18次大规模的移民活动。

山西人口晋南最为稠密，而洪洞又是晋南人口最多的县，还为古来官道所必经之地。明朝政府在洪洞设局驻员，集中办理移民，办公地点选在广济寺。据文献记载，广济寺建于唐贞观二年（628），寺院宏大，殿宇巍峨，香客络绎不绝。寺院有一株"树身数围，荫蔽数亩"的汉槐，汾河滩上的老鹳在树上筑窝，硕大而不知凡几，甚为壮观。

洪洞大槐树明代移民遗址

　　一条南北官道从树阴下通过，大槐树就成了移民集聚之地最醒目的标志。移民临行之时，回眸凝望高大的古槐，耳闻老鹳的声声哀鸣，频频回首，潜然襟湿，渐行渐远，最后能看见的只有大槐树上的老鹳窝。所以，"大槐树下老鹳窝"就成为移民及其后裔的共同记忆。

　　洪洞大槐树移民并非只有洪洞人。大槐树是山西迁民的聚集地，迁出的移民以太原、平阳二府，泽、潞、辽、沁、汾五州为主。据不完全统计，明朝从大槐树下迁移出的人口应在 300 万以上，移民分布共 18 个省（市）、500 个县（市）。近代以来有不少移民后裔下南洋、赴海外，将大槐树的传说带到世界各地。在许多海外华人后代心目中，"唐山"就是故国，大槐树就是家乡。如今洪洞大槐树寻根祭祖园有一"古槐后裔姓氏表"，记载姓氏共 812 个，成

大槐树寻根祭祖大典

为亿万移民后裔永远牵挂于心的家园。

洪洞县主办的"中国·洪洞大槐树寻根祭祖大典"已经举办了21届，累计海内外参加人数已逾百万，规模和影响与日俱增，各项活动的文化含量和艺术品位亦不断提高，前景一片光明。正如首届大槐树"根祖杯"楹联大赛特等奖作品所云：捧一瓣心香，圣地今朝同祭祖；看万般春色，大槐何处不生根。

天下王氏出太原

王姓是中国一大姓。自隋唐以来，就有"天下王氏出太原"之说。现今太原晋祠的晋溪书院，同时又是王氏祖祠，祠中有姚奠中先生联曰："不矜王马共天下，惟喜英贤壮九州。"此联道尽了太原王氏的辉煌和繁盛。

王氏源自上古，据说其中有黄帝之后、有虞舜之后等等。韩愈曾说："王氏皆王者之后，在太原为姬姓。"太原王氏后代人数最多、分布最广、影响最大，现代王姓十之八九属于这支。

太原王氏尊周灵王太子姬晋为始祖。姬晋，字子乔，史称太子晋，幼有成德，聪明博达，温恭敦敏，未成年就辅政，名闻诸侯。因直谏被废，英年早卒，民间盛传其死后升仙。灵王死后，周景王嗣位。晋之子宗敬官至司徒，他看到周室日衰，天下将大乱，避居太原，时人仍呼为"王家"，遂以王为氏，王子乔亦成为太原王氏始祖。

秦名将王翦之孙王离为统兵大将军，与项羽战于巨鹿，兵败殉国，封武城侯。王离有二子，长子名元，避乱徙居琅琊，是为琅琊王氏始迁祖；次子威，仍居太原固守祖业。至此，太子晋之后的王氏分成了太原和琅琊两大支派。

太原王氏，至汉末又分析为二：一曰祁县王氏，一曰晋阳王氏。这两支王氏自东汉以来，经南北朝至隋唐，群星闪烁，代有名人，族裔亦迁播天下。

晋溪书院原名晋溪园，是明代名臣太原晋源人王琼的私人花园。园子于嘉靖五年（1526）建成，恰逢王琼好友吏部尚书乔宇来访，题匾"溪翁堂"，址在今书院西排房处。1992年，太原市成立"海外太原联谊后援会"，在旧址上新建太原王氏祖祠——"子乔祠"。次年起，不定期地在此举行世界王氏恳亲联谊活动，邀请来自海内外太原的王氏代表祭拜始祖，排谱归宗。今日王氏祖堂声名日隆，俨然成为全世界王氏子孙心目中的圣地。

河东望族柳、薛、裴

晋南自古称河东，唐大文学家元稹说："柳、薛、裴并称河东三望族。"（《元氏长庆集》）清儒顾炎武在《裴村记》曾谓："盖近古氏族之盛，莫过于唐。而河中（蒲州）为唐近畿地，其地重而族厚，若解之柳、闻喜之裴、汾阴之薛，皆历任数百年，冠裳不绝。"在中国历代正史上，有传记（包括附传）的，裴氏262人，其中宰相59人；薛氏152人，其中宰相6人；柳氏有129人，其中宰相6人。河东三望族，不仅彪炳于史册，还将其族裔播撒到五湖四海乃至世界各地，亦成山西移民史之奇观。

永济柳氏

柳氏有一个大名鼎鼎的始祖，就是那位"坐怀不乱"的柳下惠，孟子赞为"圣之和者"的圣贤君子。柳下是其封邑，称柳氏。秦并天下，封柳下惠裔孙柳安为贤大夫，定居河东解地。

先秦时的古解地源于解梁，解梁是春秋晋国智伯的封地。古解地的范围很大，包括了历史上的解、虞乡、临晋、猗氏诸县。柳氏郡望河东之解，是指汉晋解州，而非今日解县。柳宗元为其叔撰墓表，说"邑居于虞乡"，虞乡今属永济市。

自从秦末柳安迁入山西后，逐渐成为有影响力的望族。"永嘉之乱"及西晋崩溃时，同许多其他北方大族一样，除了一部分人留守河东及在北方政权任职以外，柳氏也开始南迁。一支迁于汝、颍（今河南汝州和安徽阜阳），史称"河东柳氏西眷"；一支迁于襄阳（今襄樊市），称为"河东柳氏东眷"。

南北朝时期柳氏杰出人物层出不穷，活跃于政治舞台。其中东眷襄阳柳氏以柳元景、柳世隆为核心，在南朝政坛上登上权力高峰，盛极一时。在北朝柳氏亦持续兴旺。

初唐时柳氏颇盛，仅在高宗一朝，并居尚书省者有 22 人。武周时，河东柳氏被贬、被杀、逃跑者无计，从此，河东柳氏政治上败落了。但由于柳宗元和柳公权对中国文化的贡献和影响，河东柳氏获得了更大的声誉。

唐朝以前，柳氏族人已入居四川、广西、福建等地。唐朝以后，柳氏族人称盛于南方，且分布极广。宋、元、明、清时期，柳氏名人多出江苏、安徽、浙江、福建等南方之地，北方柳氏则多沉寂。

明初，作为大槐树迁民的柳氏族人，被分迁于山东、河北、河南等地。到清朝，居闽粤之地的柳氏有迁入台湾、徙居新加坡等地者。

唐永贞年间"二王八司马"被贬，柳宗元深感前途未卜，传说为避灭族之祸，即命河东柳姓举家分散外迁，柳氏祖居日渐荒芜。如今在永济，河东柳氏的文化遗迹已不多。光绪《虞乡县志》载："唐子厚先墓在县北五里阳朝村东，有数大冢，今其地犹称柳家坳。""柳子厚堡在县北二里刘家营南，颓垣尚存，今呼为城厢。" 柳子厚堡就是柳氏祖居。近年出土的"柳门空石"，即柳氏祖居大门前的上马石，史书有记载。石高四尺许，无雕琢之痕，纹成自然，玲珑苍古。"文化大革命""破四旧"时，石头曾被打裂埋入泥土中，所幸未被损毁。它成为河东柳氏祖居留下的唯一遗物，弥足珍贵。如今，柳门空石已由柳石巷移置虞乡镇柳宗元广场。

永济市为纪念柳宗元，特建设柳园公园。1996年发起成立了中华柳氏宗亲联谊会。2006年河东柳氏文化研究会成立。2007年第四届柳宗元国际学术讨论会暨河东柳氏文化交流会在永济召开。河东柳氏文化活动日益繁盛。

沁水柳宗元后裔民居

1997年，有学者发现柳宗元后裔居住在山西沁水县西文兴村。这里地处历山自然风景区腹地，为山西省重点文物保护单位，被称为"柳氏民居"。这是极为典型的以同姓血缘聚居的古村落遗存，60余户260多口人，95%以上为柳姓。2006年被公布为中国历史文化名村。当地学者通过对柳氏民居现存金石文献的解读、考证和研究，认为柳宗元的遗腹子周七世代隐居在此，延续至今。

到明代永乐时，柳琛殿试三甲，赐同进士出身，柳氏重新复兴。为光宗耀祖，柳家大兴土木，建宅于此。嘉靖时，柳遇春中进士后，柳家再兴土木，建造了规模宏大、门庭森严的十三院府邸，俨然一座山中城堡。明末清初，西文兴村遭兵祸，受到了一定的破坏。但到了乾隆年间，该村再次兴旺起来。现存民居建筑主体为文人府邸，总占地面积约30余亩，包括8个完整的明清时期的古老院落。其中有古街道和文昌阁、魁星楼、关帝庙、成贤坊、柳氏宗祠以及名人书法碑记等，气势恢宏，建筑精美，集南北建筑风格于一体，是罕见的明清古建艺林。

沁水柳氏民居

沁水县成立了柳氏民居实业开发有限公司，对民居进行了修缮，开发为文化园区。当地政府规划以柳宗元后裔府邸为载体，联合全国主要柳氏宗亲聚居地和柳氏文化集中地，建立中华柳氏文化旅游线，使"柳氏民居"这一文化寻根旅游的黄金品牌再上一层楼。

汾阴薛氏

薛姓发祥于今山东滕州薛城，无可争议。东周时薛国亡于楚，后人得姓薛氏。汉代薛永从刘备入蜀，为蜀郡太守，其子薛齐拜光禄大夫，族兴于蜀。蜀亡，率户五千降魏，拜光禄大夫，徙河东汾阴（今万荣县），世号"蜀薛"。薛齐长子薛懿有三子：长子恢，号"北祖"；次子雕，号"南祖"；三子兴，号"西祖"。

在魏晋以前，河东并无薛氏一族。薛氏迁入，必然遭到当地望族的歧视。五胡十六国时期，许多中原衣冠狼狈南渡，而一直采取"凭河自固"政策的薛氏，趁势崛起。到北魏初年，已堂而皇之地被列入郡姓，与汉晋以来的河东高门同列。薛氏西祖一支最为繁盛，从北朝至隋唐，经久不衰，发展成为具有全国性影响的高门世族，史称薛氏河东望。其名人辈出：隋有薛道衡，唐有薛元超、薛稷等。南祖一支，则以唐代大将薛仁贵最为知名。

"三凤堂"是薛姓流传最广、影响最大的堂号，源于唐代薛元敬。他饱有文才，自小与叔父薛收和薛德音齐名，时人称"河东三凤"，名震一时。唐武德年间薛元敬与房玄龄、杜如晦交厚，他办事公正，深受百姓爱戴，晚年官至中书令，声誉极高。薛氏后人遂以"三凤堂"为号。

据有关资料记载，早在永嘉之乱时，河东薛氏就有向江南迁播者。隋唐之前，河东薛氏主要在北方地区散播，其后裔已分布到陕西冯翊、关中、长安，甘肃陇西等广大地区。唐代中后期，河东薛氏开始南迁，族裔分布于河南、江苏、福建等地。唐末五代，为躲避战乱，河东薛氏大规模迁徙到南方，福建宁化是其重要的落脚点之一。自南宋开始，福建薛氏又分衍出广东海阳、五华、兴宁、梅州等支派。及至元代，薛氏由宁化转徙广东平远等地。明初大槐树移民，亦有不少薛姓迁往各地。从明清开始，东南沿海薛氏陆续有人迁入台湾，也有出海下南洋、往东南亚等地谋生者，成为海外侨胞。

中国薛氏曾经诸多郡望，但在历史长河中逐渐式微，唯河东三凤堂最为著名。如今万荣县民间有薛氏文化研究会，致力于搜集整理和研究河东薛氏历史资料，联系和接待海内外薛氏宗亲，虽筚路蓝缕，亦成绩斐然。在万荣薛吉村，创设了薛氏祖祠，供各地后裔祭拜。

闻喜裴氏

在中华姓氏中，裴氏不是人口大姓，但裴氏家族中的历史文化名人数量之多却无可比拟。从这个意义上说，裴氏可算是大姓了。自秦汉以来，历六朝而盛，至隋唐而盛极，五代以后，余芳犹存，在上下两千年间，豪杰俊迈，名卿贤相，摩肩接踵，辉耀前史，茂郁如林，代有伟人，彪炳史册。其家族人物之盛，德业文章之隆，在中外历史上堪称绝无仅有。裴氏家族公侯一门，冠裳不绝，正史立传与载列者有 600 余人；名垂后世者，不下千余人。裴家先后出过宰相59人，大将军59人，中书侍郎14人，尚书55人，侍郎44人，常侍11人，御史11人，刺史211人，太守77人，郡守以下则不计其数。其中最著名者有裴秀、裴矩、裴寂、裴度、裴行俭、裴叔业、裴政、裴世清等。

环境优美的闻喜裴柏村，是裴氏的祖庭，号称"中国宰相村"，是当今海内外裴氏一门公认的先祖之地。不是神话而胜似神话的宰相家族，就是从这里蔓延世界、传承古今的。

现今的裴柏村，曾有裴氏家族的建筑、碑刻和墓葬等历史遗存很多，经岁月沧桑，现尚存裴氏祠堂、裴氏碑廊和裴氏墓冢等古迹。

裴氏祠堂又称晋公祠，祀唐代晋公裴度。建于唐贞观三年（629），迭遭兵火，历代重修。

现在殿宇房舍已荡然无存，只有一对神气活现的石头大狮子，令人依稀想见当年的气派。1986年，有关部门加围墙，建门楼，设碑馆，使之成为裴氏碑刻的宝库。现存北周裴鸿碑、唐裴镜民碑、唐玄宗御书裴光庭碑、平淮西碑、金刻裴氏家谱碑，极具历史文化价值，皆可称山右名碑。

祖居闻喜裴柏的裴氏家族，逐渐兴旺、繁茂起来，开始向外散移播迁。先是扩散到夏县、安邑、稷山、新绛、曲沃和襄汾等地，继而形成"三眷"：西眷裴，出自裴徽，子孙最初大多在西凉任职为官，落籍当地；中眷裴，仍居闻喜，其后代也多为官河东或邻近地区；东眷裴，出自裴辑，其后代为宦者多在京燕淮襄广一带，定居当地。

岁月流逝，各地裴氏又繁衍出许多支派，如洗马川裴、南来吴裴等。明初大槐树移民，闻喜裴氏也多有徙居河南、河北、山东、安徽等地，艰难创业，数百载繁衍，族裔庞大。尽管世远族分，但皆出自三眷之后，发端于闻喜裴柏，故有"天下无二裴"之说。

1994年闻喜县开始建设裴氏文化教育旅游开发区，裴柏村首当其冲。第一期工程已竣工，裴氏家族展览、将军台阶、裴始祖雕像巨碑、神仙柏、裴氏碑苑等景观，已向游客开放。中断多年的裴晋公三月三庙会于1995年恢复，每年这一天，数以万计的裴氏后裔和海内外知名人士来这里举行大型祭祖和联谊庆典活动。

编 后 语
BIANHOUYU

　　《山西八大文化品牌》一书是山西人民出版社 2011 年出版的一部关于山西文化品牌建设的研究性著述，具有很高的学术文化价值。该书出版后，深受各界好评。现在，应广大读者的要求，我们将山西八大文化品牌分册出版，以便阅读使用。

　　这套丛书是一项集体成果，为了较全面、准确地勾勒出八大文化品牌的内涵和外延，各分册均牢牢把握住"品牌定位"、"品牌内涵"、"品牌亮点"等三个基本内容进行探讨和论述，力求使全套书成为一个有机的整体。

　　在编著这套丛书的过程中，我们得到了山西省委宣传部和山西人民出版社的指导和支持。山西省委常委、省委宣传部部长胡苏平非常重视丛书的编写，提出明确的要求，并为丛书作序；山西省作家协会党组书记、主席（时任山西省委宣传部副部长）杜学文对丛书提出具体的指导意见，并进行了审定；省委宣传部副部长刘英魁对丛书出版给予了大力指导和支持；省委宣传部计协秘书处处长武献民在探讨各分册理论问题方面倾注了心血，审阅了全部书稿。对此，我们表示诚挚的感谢！

　　为编写这套丛书，我们邀集了一些领导和专家多次研讨，集思广益，力求不负众望，写出水平。但是，由于八大文化品牌此前的理论基础薄弱，写作多为原创，难度很大，虽经大家相互切磋，苦心研究，丛书仍然会存在遗漏、浅薄甚至谬误之处。我们希望丛书能够得到领导、专家以及读者的批评和指正，使山西八大文化品牌的理论研讨向纵深发展，并在实践活动中取得良好的社会效益和经济效益。

图书在版编目（CIP）数据

华夏之根／渠传福，张丽，孙婉姝著.—太原：
山西人民出版社，2016.1
（山西八大文化品牌丛书）
ISBN 978 - 7 - 203 - 09345 - 9

Ⅰ.①华… Ⅱ.①渠… ②张… ③孙… Ⅲ.①文化史
- 研究 - 山西省 Ⅳ.①K292.5

中国版本图书馆 CIP 数据核字（2015）第 263883 号

华夏之根

著　　者：渠传福　张　丽　孙婉姝
责任编辑：刘小玲
装帧设计：谢　成

出 版 者：山西出版传媒集团·山西人民出版社
地　　址：太原市建设南路 21 号
邮　　编：030012
发行营销：0351—4922220　4955996　4956039　4922127（传真）
天猫官网：http：//sxrmcbs. tmall. com　电话：0351—4922159
E — mail：sxskcb@ 163. com　发行部
　　　　　sxskcb@ 126. com　总编室
网　　址：www. sxskcb. com

经 销 者：山西出版传媒集团·山西人民出版社
承 印 者：山西出版传媒集团·山西新华印业有限公司

开　　本：787mm×1092mm　1/16
印　　张：8
字　　数：80 千字
印　　数：1 - 2 000 册
版　　次：2016 年 1 月　第 1 版
印　　次：2016 年 1 月　第 1 次印刷
书　　号：ISBN 978 - 7 - 203 - 09345 - 9
定　　价：45. 00 元

如有印装质量问题请与本社联系调换